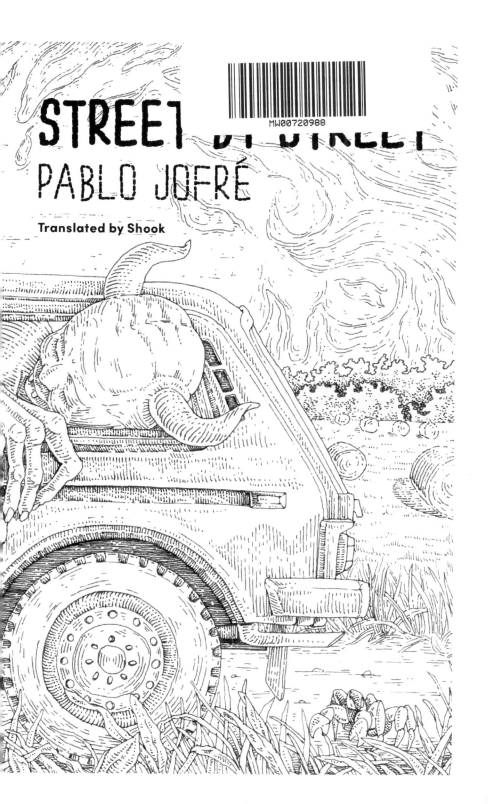

STREET BY STREET

PABLO JOFRÉ

Translated by Shook

Street by Street
©Pablo Jofré, 2023

Translation from the Spanish © Shook, 2023

Original title: Entre tanta calle
First Spanish Edition by Amargord (Madrid): 2020

Insert Press
ISBN : 978-1-947322-09-7

Cover and title page illustration by Alex Horghidan, ink and
marker pen on paper, Bucharest 2022.

AC/E
ACCIÓN CULTURAL
ESPAÑOLA

This project was supported by a grant from Acción Cultural
Española (AC/E).

Street by Street

PABLO JOFRÉ

Translated from the Spanish by Shook

INSERT

PRESS

Los Angeles

Contents

Do I contradict myself?
Very well then, I contradict myself,
(I am large, I contain multitudes.)
Walt Whitman

A l'horitagne de la montazon
Une hiroline sur sa mandodelle
Décrochée le matin de la lunaille
Vicente Huidobro

El mundo es un ojo de buey mirado por
un ojo de buey.
Un cansancio color ataúd.
Elvira Hernández

Pero nunca dejaremos de correr
para acompañar a los niños
a saludar el paso de los trenes.
Jorge Teillier

Mich interessiert nicht,
wie die Menschen sich bewegen,
sondern, was sie bewegt.
Pina Bausch

También se aplaude lo que molesta,
los miserables hoy tienen fiesta.
Jesusa Rodríguez y Liliana Felipe

Nunca resueltas, siempre aprendices.
@dat.rigo

Abecedary

Abyss

A dark night, starless
or the shipwrecked winter morning
(the one with no words, no ideas, no memories, with our future).
I rush into him as if falling;
I slip, as if it were a tunnel.
An infinite orifice to the end of the world;
like the void, nothingness, ambiguity.
An interminable space between the word leaf
and that anguishing sliver of tree that falls across my path.
An instant,
pure, annulled, dazzled; like a mild hangover.

The abyss is a place.
Soundless,
odorless,
without.

Caravan

Drive that compels us to order ourselves,
to make a line, to become less and less.
And we advance, without knowing where to.
We walk, certain and fearful of turning back,
forgetting, terrified to falter.
What's ahead (invisible, unknown)
attracts us like gazes toward the stage
toward the lightning bug, toward the lycanthropic bulb.

The caravan is a path,
a place of passage.
A transition;
energizing, blind, vital, and lost.
It is fear,
of being alone,
of being unique.

Dew

Sublime beauty plagiarized by nature.
An instant; irreversible, futureless.
Moisture crystallized in tiny fisheyes,
infinite angles of everything around us:
          cells, see-through balloons,
        morning gifts to the factory,
               to the bus stop,
               to my floating, abandoned terrace.

Dew is the sky's tears
      on the vineyard's wrinkles,
      on the airports and their planes.

Discovering

Being present (the waves and their rhythm).
Feeling at home in your essence.
Knowing others exist and communicating with them
through the universe. Imagining yourself small,
in comparison to the ocean, to buildings,
which ridiculously defy the ancient wave.

Discovering yourself is throbbing, loving,
desiring to the point of tears;
inhaling the other and sweetly biting their back.
It's becoming intimate, sob by tiny sob;
braking before the abyss.

Editing

Adapting, removing, adding
words, commas, accent marks,
chunks of shadow,
                        entire shadows,
crumbs of food
among the sugared vocables.
Seasoning with adjectives,
seasoning verbs.

Editing is asking questions,
displaying words in other languages,
it is thinking about how someone else thinks,
capturing its essence
                        and reading it.
It is flying at great height
then nosediving toward a prey;
a letter,
          a period.
Editing is navigating the creator's vital space
and sometimes editing also means: publishing.

Fame

The lightest of my words.
With a startled butterfly's little leaps,
she innocently struts along in her green suit, like Ophelia's.
As if she were in everyone's dreams,
she reminds us of our solitude;
Why do I feel so sad
every time I look her in the eyes?

Fame touches the depths of my death wound,
that black pearl, burnished by my bowels,
at the hope that I can seize her,
snail-coiled and dark,
and place her between my eyebrows.

Fear

Shapeless piece of the living being.
Liquid that imperceptibly creeps
and interjects its opinion—
sore, tired, dark.

Fear blankets landscapes with the colors of the next life
and repeats to you the things those others told you,
                                     the things they did to you.
It breaks sweet memories
and scatters them across the path.

Fingers

My other eyes, which take your waist.
Antennas, reaching for the universe,
and encircling things
I sometimes bring up to my mouth.

My fingers dance from one place to another,
searching for something they will never find.

Frustration

Turning off the television and remaining
in the dark among the same paintings as always,
among the chairs ever more aged,
among the plants and the cats with their
repeat existence.

Frustration is bleeding through your pores
shouting within the shout, sleep-babbling
I love you to no response;
it's waking up alone, dry, defeated.

Green

Hysterical universe of life. Perpetual movement,
natural space of the earthly. Birth,
or the opposite of death. Living muscle
that absorbs the elements, then pulverizes them,
to later reincarnate them.

Green is the color of the earth on film.

Homage

Lowering abrupt reality,
to the cold tile against your face,
to the rugged stage, with its smells.
Finding yourself in the suburbs and making contact with others,
with their small and insignificant feats.

An homage is an act of humility, a pause
in our existence as heroes;
a moment in white
wherein we leave ourselves; giving.

Hue

The outlines, the whispers
before the birds' song.
The interstices, the dreamy spaces;
reality and detachment from it,
the fruit that observes and the painful bite.

Hues appear when color tires,
or black and white wear out
and all of them, grays now,
fall in love with another object.

Immolation

Emptying yourself of emotions and language.
Showing yourself, as I grow invisible before you.

Immolating yourself is cleaning the body, which was already dead,
and the memory, crushed by the world.
Empty, all that's left is offering life,
so that it dissolves in space
                              and time.
Joining the universe, in particles.
Never returning to be me (ever again).

Jewel

Adornment that hides our animality
                              or exposes it,
and reminds us that we are beasts
                              in tutus,
            monsters adorned in pearls,
                  ridiculous beings parading down the dappled streets.
When will you observe yourself nude?

A fake jewel,
            that is what we are.

Kermes

A sausage.
Rather, various,
            cooked in giant pots,
surrounded by tiny fatsos
and elongated breads.
It is the sad wellbeing of poverty
in eternal gratitude
            for existence.
Happy, among music cardboard stone
                        and songs from overseas,
                                    danced to backwards.

Spinning and spinning,
turning so
much daily rawness,
the Kermes begins.

Spare Time

Space empty of time, a pause
in the world's whirlwind, an instant
before the shop window, in whose reflection I discover myself,
undecided, whether to continue or not,
or to remain rapt by myself
(by my pause at that moment).

Leisure is the moment when the machine suddenly stops.
When a small rock has sabotaged the system
and we're left without it,
without progress, regression, or freedom.

Lugubrious

The sunny day's cold shade,
there where the monsters hide, peeking
through the curtain with their white eyes blinking
(from shyness or bad intentions or curiosity).

What is lugubrious is the inside of that house.
Its abandonment after death, the solitude after it,
the shout of pain from sudden mourning,
the beloved's farewell to nothingness.
It is the painful ambiguity of change,
which marches past with its melancholic caravan of desires.
What is lugubrious is fear of the void, which calls for us
                                        to hurl ourselves into it.
It's the seconds before those questions,
it's the terror of not knowing.

Lying Down

Observing the clouds again, remembering they exist.
Concentrating on the birdsong, on the texture of their noises,
on other sounds: on the car starting up,
the skater and his (endless) practice, the barking dog.

Lying down is reordering the world according to sound,
it's sinking into reality, with no eyes.
Hanging from the earth, trapped
by gravity. Imagining everything at our backs.
Participating in the throbbing of the world,
invisibilized. Our body as vehicle of everything.
And allowing ourselves to pierce, to circle
whichever street, rug, or staircase.
Emptying ourselves until losing weight and form.
Until becoming that seagull looking at me, intrigued.
Until becoming me myself observing it.

Moan

Shouted murmur,
the interior unfolding and expanding in space.

Moan is the concrete voice,
of everything there is beneath the skin.
It's the restless murmur of memories.

Narcolepsy

Dissuading the body, evaporated
in the nocturnal fog that absorbs
and extinguishes; dissipates.
Capitulating at contact with the sun,
at first dew.
Returning to reason's placenta.

Narcolepsy is falling asleep
in warm, abstract ambiguity.
It's coming back, or transgressing,
it's cutting your neck and not bleeding.

Overseas

The furthest away on earth,
a sweet dream that impeded the body's explosion
                                        on that morning's
                                        cold tile.

Overseas is nostalgia and hope.
Until the objective is achieved,
                        and it's touched,
                        like the soul of this poem,
and one wishes to return to their first overseas
                                (to the original, to that other place)
and there's no escaping that pendulum.

Plagiarize

Cutting pieces from the tree,
mashing clouds of clay, and then
painting it all milky white.
Looking at the buildings' windows,
imagining their interiors, and then,
translating it all into words.

Plagiarizing is remembering,
feeling the pain of mourning and writing it down.
Reenacting the beggar's performance
or looking him straight in the eyes.
It's putting the sun in your mouth and writing about the sea
that childhood summer.
It's subverting memories,
changing their place or time
(and bringing them to this gray, listless day).
It's walking backwards,
it's seeing the word plagiarism and copying it down.

Shoes

They hold me in their lap.
They slide past where they shouldn't.

A shoe's memory is brief,
                and they always return to the path that wasn't.
Neither these houses nor these streets were for them.

Slothfulness

It is I,
at the bottom of that sweet sea,
(that one with invisible waves).
It is I, tectonic, reduced to weight alone,
darkened by my own flesh,
and my liters of expired blood.
It is I, the swinging ball of metal
that absorbs me, that plunges me
like a lifeless body into the nocturnal lake,
until my concentric circles fade in its depths.

Slothfulness am I,
the Mandra,
inertia's sweet and seductive weight.

Taste

The hidden,
          internal sense.
We should open ourselves,
push a living part of us toward the outside,
                    and then
return it to its cavernous, throbbing hiding place.

Taste hides inside the jaws.
Inside the animal another emerges,
with its row of eyes,
to test the world.
Mangos, wine, your mouth,
everything is sodomized by taste,
which hides after the orgasmic massacre,
clung to its haul of memories.

Threshold

Total ambiguity of place,
the entrance and the exit.
The pause, the greeting,
the convention localized in space.

The threshold is where the all-powerful appears,
the miracle, the virgin.
Where dawn gestates, and the day ends.
It's light and shadow, and between them: nothingness.
It's the arch that the afflicted,
the triumphant, our people, new and old, march past.
Everyone's lovers.

Tracing

To Kafkaesquely
            repeat
                    a shape,
                    an idea, a silhouette.
The obsessive reproduction,
                 infinitely melancholic,
of wrinkles,
of these commas.

Tracing is the disquieting echo
at the edge of the precipice.

Wandering

Walking down streets, all the same,
in a city, all the same,
and observing its cornices, its sky-blue abyss.
Distracting oneself with the chromatic balconies
between the storefronts (all the same),
with the advertisements and their hysterical messages,
all the same.

Wandering is losing oneself in the urban,
searching; diluting oneself in that paved
land of caves.
It is confusing ambulances with seagulls,
pollsters and salesmen with ghosts
who come to greet us,
to welcome us;
to no place.
Ambling is creating ethereal paths
that evaporate three steps later.

Xenophobia

Fear of the unknown, of the other,
of the precipice beyond the horizon.
Of what we do not know (or do not wish to know).
Terror of one's own identity, fragmented, undefined, absent.

Xenophobia takes a rest on last names,
on the homeland, on the classical,
on the imagination too,
inventor of monsters.

Yaya

Discovering we are body,
that there is red liquid beneath our ambiguous skin.

Yaya is pain and surprise.
It's a shout in the language of goo goo ga ga, the exact *ay!*
It's knowing you're sanguineous, suffering, human.

Zenith

When the eyes are a drop away from exploding
in extraterrestrial noises.
When energy is suddenly created within;
when an idea is birthed.

Zenith is an emotion; human energy
(pure, sweet, sanguine).

Abecedario

Abismo

Una noche oscura, desestrellada,
o la mañana náufraga, de invierno
(aquella sin palabras, sin ideas, sin recuerdos, sin futuro.)
Me precipito en él como en la caída;
me deslizo, cual si fuese túnel.
Cual tragadero infinito al final del mundo;
como el vacío, la nada, la ambigüedad.
Un espacio interminable entre la palabra hoja
y aquel trozo agonizante de árbol que se cruza en mi camino.
Un instante,
puro, anulado, encandilado; de una resaca leve.

El abismo es un lugar.
Insonoro,
inodoro,
sin.

Ambular

Caminar por calles, todas semejantes,
de una ciudad, todas semejantes,
y observar las cornisas, y su abismo celeste.
Distraerse en los balcones cromáticos,
entre las fachadas (todas semejantes),
en la publicidad y sus mensajes histéricos,
todos semejantes.

Ambular es perderse en lo urbano,
buscar; diluirse en aquel lugar
cementado de cuevas.
Es confundir ambulancias con gaviotas,
encuestadores y vendedores con fantasmas
que vienen a saludarnos,
a darnos la bienvenida;
a ningún lugar.
Ambular es crear caminos etéreos,
que se evaporan tres pasos más allá.

Calcar

Repetir
       kafkianamente
              una forma,
              una idea, una silueta.
La reproducción obsesiva,
           infinitamente melancólica,
de las arrugas, de estas comas.

Calcar es el eco inquietante
a la orilla del barranco.
Es precipicio,
o su dulce caída gris.

Caravana

Pulsión que nos lleva a ordenarnos en fila,
hacer la cola, a volvernos cada vez menos.
Y avanzamos, sin saber hacia adónde.
Caminamos, seguros y con miedo a volver,
olvidando, aterrados de vacilar.
El adelante (invisible, desconocido)
nos atrae como las miradas hacia el escenario;
hacia la luciérnaga, hacia el foco licantrópico.

La caravana es un camino,
un lugar de paso.
Una transición;
energizante, ciega, vital, perdida.
La caravana es miedo,
de estar solo,
de ser únicos.

Dedos

Mis otros ojos, que cogen tu cintura.
Antenas, para alcanzar el universo,
y revolver las cosas,
que a veces me llevo a la boca.

Mis dedos bailan de un lugar a otro,
buscando aquello que no encontrarán jamás.

Editar

Adaptar, quitar, agregar
palabras, comas, acentos,
pedazos de sombras,
                    sombras enteras,
restos de comida
entre los vocablos dulces.
Condimentar con adjetivos,
sazonar verbos.

Editar es hacer preguntas,
mostrar palabras en otros idiomas,
es pensar en el pensamiento del otro,
captar la esencia
                y leerla.
Editar es sobrevolar muy alto y
caer luego en picada por una presa;
                    una letra,
                    un punto.
Editar es navegar en el espacio vital del creador
y a veces editar es, también: publicar.

Fama

La más liviana de mis palabras.
Con sus saltitos de mariposa aturdida,
se pasea inocente en su traje verde, de Ofelia.
Como si estuviera en el sueño de todos,
nos recuerda nuestra soledad;
¿Por qué me entristezco tanto
cada vez que la miro a los ojos?

La fama toca el fondo de mi herida de muerte,
cual perla negra, bruñida por mis entrañas,
a la espera que pueda cogerla,
caracolizada y obscura,
y ponerla en mi entrecejo.

Frustración

Apagar el televisor y quedarse
a oscuras entre los cuadros de siempre
entre los sillones cada vez más envejecidos
entre las plantas y los gatos que
se repiten la existencia.

Frustración es sangrar por los poros
gritar en el grito, dormirse
balbuceando te quiero sin respuesta;
es despertar sólo, seco, derrotado.

Gusto

El sentido escondido,
            interno.
Debemos abrirnos,
extraer una parte viva hacia afuera,
                        y luego
devolverla hacia su escondite cavernoso y palpitante.

El gusto se esconde en el interior de las fauces.
Dentro del animal sale otro,
            con su hilera de ojos,
                        a testear el mundo.
Los mangos, el vino, tu boca,
todo es sodomizado por el gusto,
que luego de la masacre,
se oculta abrazado a su botín de recuerdos.

Hallarse

Estar presente (las olas y su ritmo).
Sentirse en la propia esencia.
Saber que existen otros y comunicarse con ellos
a través del universo. Imaginarse pequeño,
en comparación al océano, a los edificios,
que desafían ridículos la ola milenaria.

Hallarse es palpitar, amar,
desear hasta las lágrimas;
olfatear al otro y morder dulcemente su espalda.
Es enternecerse en pequeños sollozos;
frenarse ante el abismo.

Homenaje

Bajar a la realidad abrupta,
al azulejo frío en la cara;
al escenario áspero, oloro.
Caer en los suburbios y tomar contacto con los otros,
con sus pequeñas e insignificantes proezas.

El homenaje es un acto de humildad, una pausa
en nuestra existencia de héroes;
un momento en blanco
en el que nos dejamos; para dar.

Inmolarse

Vaciarse de emociones y de lenguaje.
Exhibirse, mientras me transparento ante ti.

Inmolarse es limpiar el cuerpo, que ya estaba muerto,
y la memoria, aplastada por el mundo.
Vacío, sólo queda ofrendar la vida,
para que se diluya con el espacio
                              y el tiempo.
Para unirse al universo, en partículas.
Para no volver a ser yo (nunca más).

Joya

Adorno que esconde nuestra animalidad
              o que la expone,
y nos recuerda que somos bestias
              con tutú,
              monstruos adornados de perlas;
              ridículos seres caminando por las calles pintadas.
¿Cuándo te observarás desnudo?

Joya falsa,
        eso es lo que somos.

Kermés

Una salchicha.
Más bien varias,
              cocidas en ollas gigantes,
rodeadas de gordos pequeños
y panes alargados.
Es el triste bienestar de la pobreza
en eterno agradecimiento
              por ser.
Felices, entre música cartón piedra
                        y cantos de ultramar,
                        bailados al revés.

Girando y girando,
de tanta crudeza diaria,
la kermés comienza.

Lúgubre

Sombra fría en el día soleado,
ahí donde los monstruos se esconden a mirar
entre las cortinas, con sus ojos blancos y pestañeantes
(de tímidos o malintencionados o de curiosos).

Lo lúgubre es el interior de aquella casa.
El abandono tras la muerte, la soledad después de ella,
el grito de dolor por el luto abrupto,
la despedida del amado hacia la nada.
Es la ambigüedad dolorosa del cambio,
que desfila con su melancólica caravana de deseos.
Lo lúgubre es miedo al vacío, que llama a lanzarnos.
Son los segundos antes de estas preguntas,
es el terror a no saber.

Matiz

Los contornos,
los susurros previos al canto de los pájaros.
Los intersticios, los espacios ensoñados;
la realidad y el desapego a ella,
la fruta que observa y el mordisco que duele.

Los matices aparecen cuando el color se cansa,
o el blanco y el negro se desgastan
y todos ellos, grises,
se enamoran de otro objeto.

Miedo

Pedazo informe de ser vivo.
Líquido que se desliza imperceptible
y se interpone con su opinión
dolorida, cansada, oscura.

El miedo cubre paisajes con sus colores de ultratumba
y te repite lo que dijeron esos otros, lo que te hicieron.
Rompe la dulce memoria y la esparce por el camino,
para verte caer; herido y enfermo.

Narcolepsia

Dessentir el cuerpo, evaporado
en la neblina nocturna, que absorbe
y extingue; disipa.
Capitular al contacto con el sol,
a la gota de rocío.
Volver a la razón cual placenta.

La narcolepsia es dormirse
en la ambigüedad tibia y abstracta.
Es volver, o traspasarse,
es cortarse el cuello y no sangrar.

Ocio

Espacio vacío de tiempo, una pausa
en la vorágine del mundo, un instante
frente al escaparate, en cuyo reflejo me descubro,
indeciso, si seguir o no junto a la manada
o permanecer extasiado de mí
(de mi detención en ese momento).

El ocio es el momento en que la máquina se detiene de súbito.
Cuando una piedrecita sabotea el sistema
y nos quedamos sin él,
sin progreso, ni retroceso, ni libertad.

Pereza

Soy yo,
al fondo de aquel mar dulce,
(ése de olas invisibles)
Soy yo, tectónico, reducido a peso,
ensombrecido por mi propia carne,
y mis litros de sangre ahora inservibles.
Soy yo, la bola pendulante de metal
que me absorbe, que me hunde
como un cuerpo sin vida en el lago nocturno,
hasta que los círculos concéntricos desaparecen en su profundidad.

Pereza soy yo,
la Mandra,
el peso dulce y seductor de la inercia.

Plagiar

Recortar trozos de árbol,
amasar nubes de greda, y luego,
pintarlo todo de blanco lácteo.
Mirar las ventanas de los edificios,
imaginar su interior, y luego,
traducirlo todo a palabras.

Plagiar es recordar,
sentir nuevamente el dolor del luto y escribirlo.
Es rehacer la performance del mendigo
o mirarlo fijamente a los ojos.
Es poner sol en la boca y escribir del mar
en el verano de la infancia.
Plagiar es subvertir los recuerdos,
cambiarlos de lugar o de época
(y traerlos a este día gris y apático.)
Es caminar de espaldas,
es ver la palabra plagio y copiarla.

Quejido

Susurro gritado,
el interior que se desdobla y expande en el espacio.

Quejido es la voz concreta,
de todo aquello que hay bajo la piel.
Es el murmullo inquieto de los recuerdos.

Rocío

Belleza sublime plagiada por la naturaleza.
Un instante; irreversible, improgresable.
Humedad cristalizada en pequeños ojos de pez,
infinitos angulares de todo lo que nos rodea:
     células, globos transparentes,
     regalos de la mañana hacia la fábrica,
          hacia la parada de bus,
          hacia mi terraza flotante y abandonada.

El rocío son lágrimas del cielo
        sobre las arrugas de los viñedos,
        sobre los aeropuertos y sus aviones.

Sí

Cuando los ojos están a una gota de explotar
en ruidos extraterrestres.
Cuando la energía se crea de súbito en el interior;
cuando una idea se engendra.

El sí es una emoción; energía humana
(pura, dulce, sanguínea).

Tumbarse

Observar las nubes nuevamente, recordar que existen.
Concentrarse en el canto de los pájaros, la textura del ruido,
en los otros sonidos: el coche que arranca,
el skater y su práctica (interminable), el perro que ladra.

Tumbarse es reordenar el mundo según sonidos,
es hundirse en la realidad, sin ojos.
Colgar de la tierra atrapado
por la gravedad.
Imaginar todo lo que hay a nuestras espaldas.
Participar en la palpitación del mundo,
invisibilizados. Nuestro cuerpo como vehículo de todo.
Y dejarnos traspasar, circular,
cual calle, alfombra o escalera.
Vaciarnos hasta perder peso y forma.
Hasta ser aquella gaviota mirándome intrigada.
Hasta ser yo mismo observándola.

Ultramar

El más allá en la tierra,
un sueño dulce que impidió explotar el cuerpo
                           en la baldosa fría de aquella mañana.

Ultramar es nostalgia con esperanza.
Hasta que el objetivo se alcanza,
                           y se toca,
                  como el alma en este poema,
y se desea volver al ultramar primario
                           (al original, al otro)
y ya no hay retorno de aquel pendular.

Umbral

Ambigüedad total de lugar,
la entrada y la salida.
La pausa, el saludo,
el protocolo localizado en el espacio.

El umbral es donde aparece el todopoderoso,
el milagro, la virgen.
Donde se gesta el amanecer, y el día termina.
Es luz y sombra, y en medio: la nada.
Es el arco donde desfilan los acongojados,
los triunfadores, los nuestros, los nuevos, los viejos.
Los amantes de unos y de otros.

Verde

Universo histérico de vida. Movimiento perpetuo,
espacio natural de lo terráqueo. Nacimiento,
o lo contrario a la muerte. Músculo vivo
que absorbe los elementos, y los tritura,
para reencarnarlos luego.

El verde es el color de la tierra en cinta.

Xenofobia

Terror a lo desconocido, al otro,
al precipicio tras el horizonte.
A lo que no sabemos (o no queremos saber).
Terror a la propia identidad, fragmentada, indefinida, ausente.

La xenofobia descansa en los apellidos,
en la patria, en lo clásico,
en la imaginación también,
inventora de monstruos.

Yaya

Descubrir que somos cuerpo,
que bajo la piel ambigua hay rojo líquido.

Yaya es dolor y sorpresa.
Es grito en lengua de guagua, el ¡ay! exacto.
Es saberse sanguíneo, doliente, humano.

Zapatos

Son ovnis,
que serpentean el mundo;
                              me sostienen en su regazo.
Se deslizan por donde no deberían haberlo hecho.

La memoria de los zapatos es corta,
                    y vuelven siempre al camino que no era.
Ni esas casas, ni esas calles eran para ellos.

Usted

You

Youkali

El camino es recoger los restos
de un teatro rodante,
trozos de cielos diurnos, estrellas y
coronas rotas, cartas tachadas
por el bic usado para corregir la obra
que no se estrenó; los restos de
maquillaje en pañuelos blancos
sus caras retorcidas en ellos,
discos rotos de la música
de fondo.

Una luna llena cortada en dos
me detiené en este camino moribundo.
Más allá una sonrisa,
sólo los labios, sólo los dientes;
todo cartón piedra:
los recojo en brazos junto a
la corona, la luna, las cartas, los discos.
Un sueño de silicona
pierde el equilibrio, en la esquina:
lo recojo conteniendo el llanto.
La foto de una revista de moda,
despegada de la pared,
la recojo conteniendo el llanto.
La promesa para siempre
descolgada del techo,
la recojo conteniendo el llanto.
Un dibujo cae de la caravana,
tachado como todo.
Un trozo de bandera.
La navaja bañada en lágrimas
de tinta congeladas.
Los restos fracasados de todo.
Los recojo conteniendo el llanto.

A partir de la canción homónima de Roger Fernay y Kurt Weil.

Youkali

The path is picking up the pieces
of a rolling theater,
chunks of morning skies, stars and
broken crowns, letters crossed-out
by the Bic used to correct the work
that never debuted; the remains of
make-up on white handkerchiefs,
their contorted faces on them,
broken CDs of the background
music.

A full moon sliced in two
stops me on this moribund path.
Beyond a smile,
just the lips, just the teeth;
all cardboard stone:
I gather them in my arms next to
the crown, the moon, the letters, the CDs.
A silicone dream
loses its balance, in the corner:
I gather it up, holding back tears.
The promise forever
lowered from the ceiling,
I gather it up, holding back tears.
A drawing falls from the caravan,
crossed-out like everything.
A bit of flag.
The pocketknife bathed in frozen
tears of ink.
The failed remains of everything.
I gather them up, holding back tears.

After Roger Fernay and Kurt Weil's song by the same name.

Usted

Sus ojos tibios otra vez frente a mi.
Inmóviles y dulces. Como sus brazos y
sus piernas y su espalda. Recta.
Sus músculos que quiero besar ahora.

Desabrochar sus pantalones otra vez
e introducir mi mano ahí:
dulce lugar del placer.

Subir luego hasta su boca, con mis dedos
y jugar dulcemente ahí, con seguridad;
y dejarlos hablar con su lengua,
hasta hipnotizar su aliento.

Guiar sus labios hacia mi sexo,
para cederle paso a él,
cual intercambio de parejas en el
baile de los deseos.

Introducirme en su boca sin pestañear,
y habitar bajo su paladar
hasta penetrar en su garganta,
buscándome yo mismo en su interior.

Dejar caer mis dedos por su espalda y acariciar
el ano (rugoso, receloso, sincero)
que se dilata a mis manos salivadas
por Usted: se reconocen.

Hasta ser uno, un único en jadeo, en reproducción
en metamorfosis sexual hacia un monstruo
concentrado y hambriento; comiéndose a sí mismo.
Hasta ser cíclopes en una única mirada lasciva.

Las columnas alineadas, en cuclillas;
en medio de una oración primaria,
agradecemos a Dios con una penetración de quejidos.

You

Your warm eyes back before me.
Immobile and sweet. Like your arms and
your legs and your back. A Perfect line.
Your muscles I'd like to kiss now.

Unfastening your pants again
and inserting my hand:
sweet place of pleasure.

Ascending to your mouth, with my fingers
and playing sweetly there, safely;
and letting them speak with your tongue,
until they hypnotize your breath.

To guide your lips towards my sex,
yielding to it,
partners exchanging in the
dance of desires.

Entering your mouth without blinking,
and living beneath your palate
until penetrating your throat,
seeking myself inside you.

Letting my fingers fall down your back and caress
your anus (rough, distrustful, sincere)
opening to my hands, wet with Your
spit: they're recognized.

Until becoming one, one alone in jade, in reproduction
in sexual metamorphosis into a monster,
concentrated and hungry, eating itself.
Until becoming cyclops in one sole lascivious gaze.

Spines aligned, squatting;
in the midst of a primitive prayer,
we give thanks to God with a moaning penetration.

Concentrados en nuestro centro genital,
nos vigilamos de reojo.
hasta que el animal jadeante vuela.

Focused on our genital center,
we keep an eye on each other
until the panting animal takes flight.

Apuesta

He perdido la apuesta.
Amor ya no me queda,
lo he perdido todo,
y era mucho,
ahorrado durante años.

Lo he perdido todo
esta misma noche.

Amor ya no me queda,
me lo he gastado
en besos sin fondo.
El bolsillo roto,
arenoso y hueco;
un abismo flotante.

Bet

I have lost the bet.
I'm all out of love,
I've lost it all,
and it was a lot,
saved up over years.

I have lost it all
just tonight.

I'm all out of love,
I've spent it up
on bottomless kisses.
My pocket torn,
sandy and hollow;
a floating abyss.

El Contorno de Sus Ojos

A Piero

En ellos caigo, atraído,
sumergido en el vacío, en el
abismo que absorbe hacia su
eco infinito y oscuro.
Mientras le beso como un
silbido susurrado,
la caída
un temblar sin fin.

The Contour of Your Eyes

To Piero

I fall into them, attracted,
submerged in the void, in the
abyss that absorbs towards its
dark, infinite echo.
While I kiss him like a
whispered whistle,
my fall
an endless trembling.

Esencia

A veces, entre tanta calle, tantos malos sueños, tanta melancolía retorcida; a veces, entre tanto sentir, tanto razonar, tanto recordar, tanto indecidirme de todo, tanto pensar en Usted (en él, en ellos) desdibujado; a veces: todas mis multitudes se detienen, se callan, despiertan de su histeria estresante y vacía. Y escucho aquel sonido irreal. La propia naturaleza, la intimidad orgánica, que se desliza por los oídos como el fluido tibio de nuestro reflejo.

Essence

Sometimes, street by street, so many bad dreams, so much twisted melancholy; sometimes, amidst so much feeling, so much arguing, so much remembering, so much indecision about everything, so much thinking about You (about him, about them) blurred; sometimes: all my multitudes pause, quiet, wake up from their stressful, empty hysteria. And I hear that unreal dream. Nature itself, organic intimacy, slips over the ears like the warm fluid of our reflection.

Los Amantes

A mis padres

Los amantes se cruzan en los caminos,
una y otra vez, hasta siempre:
se añoran en la soledad del tiempo,
en los recuerdos tatuados.
Al verse nuevamente,
los amantes se reconocen,
se besan como siempre.
Se recorren una y otra vez,
como si las canas, las arrugas,
la piel cada vez más laxa,
no cambiaran la naturaleza,
verde, primaria, de una única libido.
La vida de los amantes es un rosario
esculpido en neblina
bordado con ojos de anciano.

The Lovers

To my parents

The lovers cross paths,
again and again, forever:
they long for each other in the loneliness of time,
in tattooed memories.
Upon seeing each other again,
the lovers recognize each other,
they kiss like they always have.
They traverse each other again and again,
as if their gray hairs, their wrinkles,
their skin ever more lax,
could not change the nature—
green, primary—of their shared libido.
The lovers' life is a rosary
sculpted in mist
threaded with ancient eyes.

A Escondidas

A Thomas

Entraría en su cama;
a escondidas, solo a escondidas.
Sin haber tocado el timbre o cruzado la calle,
sin tan siquiera haber salido de esta habitación.
Y me deslizaría dulcemente en su lecho,
como robando el diamante angoleño de la corona de la reina.
Inhalaría el sudor de la cama, la humedad de la habitación.
Absorbería su aura de colores y resbalaría
entre aquellas sábanas que conozco. Sin rozarle,
respiraría otra vez, más profundamente aún.
Le llamaría a gritos sin abrir la boca.

Taquicárdico, acariciaría lugares
recorridos por esos otros, a quienes odio.
Sin moverme, repartiría mi aliento tibio
por el universo de aquella habitación
para que cuando despierte siga soñando
Y esperaría a que me descubra,
ambigüísimamente sorprendido de mi presencia.
No aceptaría preguntas.

Tocarlo sería sacar una envoltura, y ver
que bajo aquella hay otra capa,
cada cual más perturbadora, y caería
en la carnívora ansiedad de abrir regalos.
Ya sé que no hay tal.
Mientras, nos comeríamos bocas y ojos
como si nos extinguiésemos dentro de poco.
Y querríamos que la caída no acabe.
Y los olores ya no son dos.
No existe cama, ni habitación.

Secretly

To Thomas

I would get into his bed;
secretly, only secretly.
Without ringing the doorbell or crossing the street,
without even leaving this room.
And I would slip sweetly into his bed,
like stealing the Angolan diamond from the queen's crown.
I would inhale the sweat from the bed, the room's humidity.
I would absorb his colorful aura and slide
between those well-known sheets. Without touching him,
I would breathe again, deeper still.
I would call out to him without opening my mouth.

Tachycardic, I would caress places
traveled by those others, whom I hate.
Without moving, I would spread my warm breath
across the universe of that room
so that he keeps dreaming.
And I would wait for him to discover me,
so ambiguously surprised by my presence.
I would not accept questions.

To touch him would be to remove a wrapper, and see
that there's another layer beneath it,
each more disturbing, and I would fall
into the carnivorous anxiety of opening gifts.
I know that there is no such.
Meanwhile, we would eat each other's mouths and eyes
as if we were on the verge of going extinct.
And we would not want the freefall to end.
And our scents lose all distinction.
There is no bed, no room.

Incómodos luego con el otro, ahí,
exigiendo intimidad,
esperaría a que reciba nuevamente el sueño,
se acomode, busque su espacio en aquella cama;
para salir fugitivo y sigiloso
de aquel lugar, ahora frío.

A cada movimiento haría otro para intentar no ser,
para que sienta que todo haya sido un sueño.

Y volvería a mi habitación,
sin haber cruzado su puerta,
ni el portal de su edificio,
ni haber recorrido el par de calles lluviosas que nos separan.
Y llegaría hasta mi cama.
Sin haber cruzado mi puerta siquiera.

Y regresaría a la realidad de estos pensamientos.
Sucedáneos de experiencias carnívoras como abrir regalos.
Y dejaría de pensar que lo anterior es imposible;
y entonces: cruzaré calles y portales invisibles
hasta volver a entrar en su cama.
A escondidas, solo a escondidas.

Then, uncomfortable with the other there,
requiring privacy,
I would wait for him to accept sleep again,
to get comfortable, to find his space in that bed;
so I could escape, fleeing stealthily
from that place, now cold.

I would match each movement with another, in an attempt not to exist,
so that he felt it had all just been a dream.

And I would go back to my room
without having passed by his door,
nor the entryway to his building,
nor having traversed the two rainy streets that separate us.
And I would reach my bed.
Without even having passed through my door.

And I would return to the reality of these thoughts.
Substitutions for carnivorous experiences like opening gifts.
And I would stop believing this all impossible;
and so: I will cross streets and invisible entryways
until returning to his bed.
Secretly, only secretly.

Torso

Paisaje suave y fuerte, ahí me deslizo.
Mi territorio de conquista,
donde libro mis batallas.
Dulce lugar del placer. En el caigo,
embestido, asesinado luego del suicidio colectivo.

El torso es zona de hostilidades:
"He venido a hacerle la guerra",
le anuncio. También es mi lugar de descanso,
mi escondite seguro de mí.

Torso

Landscape soft and hard, where I slide.
My territory of conquest,
where I let loose my battles.
Sweet place of pleasure. I fall onto it,
lunging, dead from our collective suicide.

The torso is a hostile zone:
"I have come to make war on you,"
I announce. It's also my place of rest,
my safe hideout for myself.

Beso

Conversación de bocas,
intercambio taquicárdico de sueños,
esperanza proyectada en saliva.
Un abrazo de labios.
La comida del otro.

El beso es un animal recién procreado. Habla, gime,
se retuerce en su placenta. Resiste
al abandono que llegará; inevitablemente.
Y cargaremos restos de cadáver: gotas de besos muertos,
en la comisura de los labios, entre los dientes de luto.

Kiss

Conversation of mouths,
tachycardic exchange of dreams,
hope projected in saliva.
An embrace of the lips.
The other's food.

The kiss is a newborn animal. It speaks, it whines,
it writhes on its placenta. It resists
the abandonment that will come; inevitably.
And we will carry the remains of the corpse: drops of dead kisses,
at the corner of the mouth, between the mourning teeth.

Extranjería

Alien Status

POESÍA hecha para mi voz. Desde el interior, volver a la palabra, concentrarme en ella, en una imagen. En la cola para recoger el NIE, en las caras de aquellos ordenados en fila como animales. En su perfume. En la mano de aquel pidiendo limosna. Revisar estas líneas y descifrarlas. Separar crítica de creación. Separar teoría de escritura. Separar yo y el mundo de la relación con el mundo que han tenido otros durante la historia. Separar la historia de mi propia historia.

POETRY made for my voice. From within me, returning to the word, concentrating on it, on an image. In the line to pick up my Alien ID Number, on the faces of those lined up like animals. In her perfume. In the beggar's hand. Reviewing these lines and deciphering them. Separating criticism from creativity. Separating theory from writing. Separating myself and the world from the relationship with the world that others have had throughout history. Separating history from my own story.

Ensimismarse

Concentrarse en el ombligo del pensamiento
Yo en medio de todo
emisor y receptor de mi propia esencia que fluye
en círculos a mi alrededor
Un paisaje de mí mismo
plantaciones mares puentes de mí mismo
yo incrustado en la roca
Toda la naturaleza hecha a mi imagen
y semejanza de todo lo que soy

Ensimismarse es convertirse y
reconvertirse cual Ave Fénix en un
ritual con invitados idénticos a mí
con sacrificados envueltos en
cada una de mis sábanas
Yo yo y yo
en este autogolpe de media tarde solo en mi nada
me felicito ser desde ahora
Dios

Lost in Thought

To concentrate on the very navel of thought
Me right in the middle of it all
sender and receiver of my own essence that flows
in circles around me
A landscape of myself
fields seas bridges of myself
me encrusted in stone
All nature made in the image
and likeness of all that I am

To get lost in thought is to transform
and retransform oneself like a phoenix into a
ritual whose guests are identical to me
with the sacrificed wrapped in
each of my sheets
Me myself and I
in this mid-afternoon self-coup only in my nothingness
I congratulate myself for being from now on

God

La Mañana

Me cubro con ladrillos,
con vidrios de ventanas,
con trozos de muebles,
con ropa quemada.

Todo se ha derrumbado
y me envuelvo en olores de terremoto,
entre colores de ultratumba.
(Mientras pateo a las ratas que mordisquean mis pies fríos).

Intento acomodar unas piedras,
para ver si vuelve el sueño y así reencontrarme,
pero el frío luminoso de este invierno
me saca del camino y borra el futuro.

Debo vestirme para salir
(no tengo que salir).
Y me derrumbo otra vez en un
retorcijo de escombros arruinados
hasta transformarme en materia,
en restos de casa,
ventanas sin vidrios,
patas de mesas,
cáscaras de plátanos,
(ratas como buitres.)

Vidrios y más vidrios
como almas vacías
transparentadas por el desastre.

Quizás ha sido la falta de ruido,
la falta de aire
que me destruye cada noche
y hace recoger mis restos por la mañana.

El sueño es un sueño
y solo hay que despertar de él.

Morning

I cover myself with bricks,
with window glass,
with chunks of furniture,
with burned clothing.

Everything has collapsed
and I wrap myself in the scents of earthquakes,
in colors from beyond the grave.
(As I kick the rats that nibble at my cold feet.)

I try to adjust some stones,
to see if sleep might return so I can find myself again,
but the bright cold of this winter
runs me off the road and blurs my future.

I must get dressed to go out
(I don't need to go out).
And I collapse again in a
tangle of ruined rubble
until becoming matter itself,
in the remains of house,
windows with no glass,
table legs,
banana peels
(rats like vultures).

Glass and more glass
like empty souls
revealed in disaster.

Perhaps it's been the lack of noise,
the lack of air
that destroys me every night
and collects my remains in the morning.

The dream is a dream
and all you have to do is to wake up from it.

YO, EL POETA, me zampo el mundo
con las manos y bebo sus fluidos, amo
a los hombres y a las mujeres, y a sus ojos
inocentes o sarcásticos, amo
sus miedos y sus deseos también; sus ilusiones.
Abrazo al árbol cada vez que puedo
y me revuelco en el césped y en la tierra
y en los lagos infinitos.
Abrazo a los animales, los beso, les doy gracias,
les pido perdón también; y a las plantas y a sus
flores que me miran. Corro por las calles para alcanzar
aquello que deseo, llamo a gritos al que está en peligro
o al que quiero besar a mordiscos.
Amo el amor y el sexo entre los cuerpos conocidos
y entre los desconocidos.
Soy paciente e impaciente;
gozo bailando, bebiendo, durmiendo y
amando entre mis sábanas o en las de él.
Incansable, busco respuestas a todo y, a veces,
cuando se me intoxica el alma,
odio a fuego.

I, THE POET, gobble up the world
with my hands and drink its fluids, I love
men and women, and their eyes,
innocent or sarcastic, I love
their fears and their desires too; their illusions.
I hug trees whenever I can
and I roll in the grass and the dirt
and the infinite lakes.
I hug the animals, I kiss them, I thank them,
I apologize too; and the plants and their
flowers staring at me. I run through the streets to catch up
with my desires, I call out to anyone in danger
or anyone I want to nibble with kisses.
I love love and sex shared between bodies known
and unknown.
I am patient and impatient;
I enjoy dancing, drinking, sleeping and
loving between my sheets or his.
Tireless, I look for answers to everything and, sometimes,
when my soul is intoxicated,
I hate fire.

La Danza de la Existencia

tal snart om mildhed, tal snart om saltet
mysterium, tal snart om mellemkomst, mennesker,
mod, fortæl mig at bankernes marmor
kan spises, fortæl mig at månen er smuk...

Inger Christensen

El baile de las mariposas borrachas
comienza lento y alegre,
rítmico, en el devaneo existencial,
dulce, en el pendular de la cintura.
En círculos asimétricos, desfigurados,
concentradas en una coreografía multicolor,
tomadas de las manos,
las mariposas giran y giran; ríen ahora,
diabólicas, extasiadas, rotundas en su
paso desequilibrado,
en su incapacidad para volar.

Desteñidas lentamente de tanta
opulencia cromática,
Sus alas de insecto decorativo
saltan del color que encandila
a una pobre opacidad.

Las mariposas saltan ahora,
sin soltarse las manitas quebradizas,
como queriendo volar,
con la sonrisa desfigurada.

El maquillaje se les va
desgastando bajo la lluvia, y
a menos color: más euforia,
a menos pintalabios: más sonrisa,
y al gris de las alas:
más movimiento histriónico.

The Dance of Existence

The dance of the drunken butterflies
kicks off slow and joyful,
rhythmic, in the sweet, existential dalliance,
in the waist's pendulum.
In disfigured, asymmetrical circles,
concentrating on a colorful choreography,
holding hands,
the butterflies spin and spin; laughing now,
diabolical, ecstatic, empathic in their
unbalanced steps,
in their inability to fly.

Slowly faded from so much
chromatic opulence,
Their decorative insect wings
leap from their dazzling color
to frail opacity.

The butterflies are leaping now
without letting go of their brittle little hands,
as if desiring to fly,
with their distorted smile.

Their makeup wears
off in the rain, and
the less color: the more euphoria,
the less lipstick: the more smiles,
and against the wings' gray:
more histrionic movement.

El baile se vuelve un griterío sordo,
primero al unísono, luego multitudinario;
los círculos giran y giran, y las
mariposas ya son solo esqueletos negros.

Saltando desesperadas,
poseídas por su propio delirio,
sus alas grises semitransparentes;
los cuerpos de insecto no resisten el movimiento.

Sus pobres bracitos se rompen.
Las manos cogidas intactas en el suelo.
Las delgadísimas alas explotan en
polvo galáctico.
El baile se congela en la
muerte dulce y eterna del silencio.

The dance becomes a muffled shouting,
first in unison, then multitudinous;
the circles spin and spin, and the
butterflies are now just black skeletons.

Leaping desperately,
possessed by their own delirium,
their semi-transparent gray wings;
insect bodies do not resist movement.

Their poor little arms break.
Hands clasped tight on the ground.
Delicate wings explode in
galactic dust.
The dance freezes in the
sweet, eternal death of silence.

Una Vieja

No señor. Ni las arrugas estas que usted ve, ni la carne que se me cae a pedazos, ni la sonrisa desfigurada; nada, nada de esto es mío. Yo soy aquel interior infinito y siempre joven, sumergida en estas ideas rígidas, que no saldrán de mí por más que la muerte canosa y gagá amenace con quitarme la esencia.

¿Desquiciada?

Pues sí, desquiciada, aferrada a todo: a mis nietos y a la descendencia, a mis antepasados, a mis pertenencias, a la patria, aquella estructura que se me escurre por este cuerpo cada vez más huesudo, cada vez más siniestro y ausente. Moriré así, creyendo contener en estas manos transparentes el líquido feroz de mi interior siempre joven.

An Old Woman

No sir. Not the wrinkles that you see, not my flesh falling to pieces, not my disfigured smile; none of this, none of this is mine. I am that infinite interior, forever young, submerged in these rigid ideas, which will not emerge from me no matter how much gray-haired, drooling death threatens to strip away my essence.

Deranged?

Well yes, deranged, clung to everything: my grandchildren and descendants, my ancestors, my belongings, my homeland, that structure wrung through this body, ever bonier, ever more sinister and absent. I will die like this, believing that I hold in my transparent hands the fierce liquid of my inner self, forever young.

Vacío

Espacio de tiempo sin tiempo,
terremoto de viento concentrándose en
remolinos sin comienzo ni fin
olor a metal oxidado
ruido de canales de agua
sin ella, sequedad
sequedad sin respiro alguno
sin nada humano en ella
restos de ojos y sus miradas
polvo de abrazos y de piernas.
Resecos restos de todo:
ideas, hoteles, semillas,
suspiros, refranes.
Sol, aletas de pez,
latas de cerveza, recuerdos,
todo fundido en polvo
todo accidentado, en las paredes,
de este túnel.

Void

Space of timeless time,
earthquake of wind focusing on
whirlwinds with no beginning or end
the smell of rusty metal
the noise of channels of water
without it, dryness
breathless dryness
with nothing human in it
the remains of eyes and their gaze
the dust of hugs and legs.
The dried-up remains of everything:
ideas, hotels, seeds,
sighs, refrains.
Sun, fish fins,
beer cans, souvenirs,
everything melted to dust
everything rough, on the walls,
of this tunnel.

ME DUELE un brazo, el hombre grita por megáfono, suenan las teclas, el ventilador del computador y las ganas de bostezar suben por la garganta y se internan por la barbilla y sale hasta los dientes, hacia los labios, hasta hacer abrir la boca en un bostezo terminado en suspiro; los párpados pesados, los ojos lacrimosos, las manos secas y el hombre que sigue gritando por megáfono. Me acomodo las piernas y el bostezo vuelve. Estoy completamente fuera de mí (esparcido en el exterior, desparramado); me desacoplo. Ha sido la segunda noche de falta de algo. Cada vez me pierdo más por las mañanas: ya no sé quién, ni lo qué, ni dónde. Aquí,

siempre hay alguien.

MY ARM hurts, the man yells into a megaphone, the keys click, the computer fan and the urge to yawn climb up the throat and through the chin and out to the teeth, towards the lips, until opening the mouth in a yawn that ends in a sigh; the heavy eyelids, the watery eyes, the dry hands and the man who continues to shout through a megaphone. I adjust my legs and the yawn returns. I am completely outside myself (dispersed abroad, scattered); I disengage. It's been the second night of something missing. I lose more and more of myself in the mornings: I no longer know who, or what, or where. Here,

there's always someone.

DESDENTADO de tanta violencia,
la patria se me envejece en las manos.

TOOTHLESS from so much violence
my homeland grows old in my hands.

La Edad Ligera

Diciéndole la muerte lo mismo que una patria;
dándosela en la mano como una tabaquera;
contándole la muerte como se cuenta a Ulises,
hasta que me la oiga y me la aprenda.
Gabriela Mistral

La mujer de pelo blanco mira
desafiante, inquisidora rechaza la muerte
que que la rodea y la seduce. Asalta
la vida para robarle horas, y quedarse con ellas.
Tiene a la muerte en frente, sentada y
tranquila esperando a que vuelva
a la cordura, a la que se resiste, indómita, a
abandonar su paisaje rojo, su pensamiento verde;
ya no hay ternura en sus ojos, hay rabia y
desilusión: yo no me quiero morir; no quiero
dejar mis plantas, ni mis gatos, ni los vidrios de
esta casa donde observo el mundo; su maquinaria
injusta en su infinitud.
Yo no me quiero morir, grita contra su otro
yo reflejado enfrente: calmada y sumisa ante el
ciclo maldito. Yo no me quiero morir; quién cuidará
de limpiar los vidrios donde veo el mundo,
poner agua y comida a los animales, regar
las malditas flores.

Háblame de lo que sea, no dejes de hacerlo
que esta otra me acecha. No te detengas, siéntate
junto a mí, no ves que yo no la quiero.
Háblame, ríe, qué tal el tiempo ahí afuera,
qué tal la gente, qué visten, qué comen;
cuéntamelo sin detenerte un minuto, que no quiero
sorpresas. A todas las cosas les he puesto nombres.
A todas menos a ella, ahí, en esa esquina,
mirándome con paciencia; la muy puta.

The Light Age

Telling them death the same as a homeland;
placing it in their hand like a tobacco pouch;
recounting death to them the way it's recounted to Ulysses,
until they hear me and learns it for me.

Gabriela Mistral

The white-haired woman looks
defiant, inquisitive rejects death
that surrounds her and seduces her. Assault
her life to steal her hours, and keep them.
She has death in front of her, seated and
quiet waiting for him to come back
to sanity, to which she resists, indomitable, to
abandon her red landscape, her thought;
there is no tenderness in her eyes anymore, there is anger and
disappointment: I don't want to die; I don't want to
leave my plants, nor my cats, nor the windows of
this house where I observe the world; his machinery
unfair in its infinity.
I don't want to die, she screams against hers another
I reflected in front: calm and submissive before the
cursed cycle. I don't want to die; who will take care
to clean the windows where I see the world,
water and feed the animals, irrigate
the damn flowers

Tell me about anything, don't stop—
she's stalking me. Don't slow down, sit
here next to me, can't you see that I don't love her.
Tell me something, laugh, how is the weather out there,
how is everyone, what are they wearing, what do they eat;
don't stop for a minute, I can't stand
surprises. I have given everything a name.
Everything but her, there, on that corner,
patiently watching me; such a whore.

Venga, cuéntame: cómo era que te llamabas,
de dónde era que venías, ya sé que me lo has
contado y que lo he olvidado; soy vieja.
Ves a esa ahí en la esquina:
soy yo, la mujer de pelo blanco,
soy la muerte me dice todo el tiempo,
pero yo no me quiero morir.
A cada cosa le he puesto nombres,
a todas, sus significados, y la muerte
no está entre ellas; mis palabras,
mis plantas, mis gatos como amigos,
mis vidrios como reflejos.
Dime: de dónde era que venías,
cómo era que te llamabas.
Ves a esa mujer ahí en la esquina:
soy yo, que ya no existo.

El título es parte de la última estrofa del soneto XXIII de Garcilaso de la Vega.

Come on, tell me: what was your name again,
where was it you were from, I know you've already
told me and I've forgotten it; I'm old.
You see her there on the corner:
it's me, the white-haired woman,
all the time she tells me I am death,
but I don't want to die.
I have given each thing a name,
all of them, their meanings, and death
is not among them; my words,
my plants, my cats like friends,
my windows like reflections.
Tell me, where was it you were from,
what was your name again.
You see that woman there in the corner:
it's me, who no longer exists.

This title comes from the last strophe of Garcilaso de la Vega's sonnet XXIII.

A VECES las palabras me persiguen,
como gatos negros, sigilosas,
como piedrecitas en bajada,
hacia el abismo.

SOMETIMES words chase me,
stealthily, like black cats,
like tiny pebbles falling,
toward the abyss.

San Pedro de Atacama

Oasis en el planeta de Dios,
burbujas en sus jardines de la nada.
Nada vive en este descampado de aire,
ni un brote en su chimenea transparente.
Todo emerge del pueblo milenario que
interrumpe el silencio atacameño.

Su castillo es de aliento y los dormitorios
de arena para abrazar la peregrina infinitud.

San Pedro de Atacama

An oasis on God's planet,
bubbles in its gardens emerged from nowhere.
Nothing lives in this wasteland of air,
not a single bud in its transparent fireplace.
Everything emerges from the ancient town
interrupting the Atacameño silence.

Its castle is made of breath and its bedrooms
of sand to embrace pilgriming infinitude.

Londres

Circular, sin pensar, circular en una
coreografía cronometrada contra el
tiempo, su ritmo, la
rutina eufórica por la que corren
aborígenes multicolores y sus protocolos
infinitos entre reyes, reinas, leyes, coches.
Sonrisas frías. Dulces. Sin parar.

London

To flow, unthinkingly, to flow in a
choreography clocked against
time itself, its rhythm, the
euphoric routine traversed by
its multicolored aborigines and their infinite
protocols between kings, queens, laws, coaches.
Smiles cold. Sweet. Non-stop.

Barcelona

Centrífuga sin salida alguna.
Inquieta desdentada glamourosa
visigoda orgullosa
latina en melancólica fortuna.
Carolingia, brillante y perfumada.
Reina medieval en nación laietana
en tus fórums y juegos concentrada.
Culta, melancólica, sofisticada y perversa.
Todo lo arreglas con dinero. Megalomaniaca,
tímida, violenta, histérica de viernes y
tradicionalista. Pensativa y paranoica entre
lateros de manos amoratadas y
adolescentes de blanco impoluto.
Sumisa y rebelde ante el señor mi señor,
progresista y desinhibida;
                              medieval fashion.

Barcelona

Centrifuge with no exit.
Restless toothless glamorous
proud visigoth
latin in melancholy fate.
Carolingian, brilliant, and perfumed.
Medieval queen of the Laietani nation,
concentrated on your forums and games.
Cultured, melancholic, sophisticated, and perverse.
You fix everything with money. Megalomaniac,
Violent, shy, hysterical on Friday, and
traditionalist. Pensive and paranoid
in your insecure captivity.
Slave and slaver on cobblestones splattered in vomit
and urine and blood, then washed and
bled on again. Tinsmiths with bruised hands and
teenagers in spotless white.
Submissive and rebellious before the Lord my Lord,
progressive and uninhibited;
                              medieval fashion.

Odesa Mon Amour

El Mar Negro en guerra sobre la
piel quemada a capella; la
calma de la pausa del
silencio de la nada de la
falta de nada de la sociedad que
ronronea ahí abajo
depredadora como el
ladrido lejano el
tic-tac del reloj el
ventilador ruso de techo el
suavecísimo zumbido de sus
hélices amenazantes que
lanzan la brisa falsa sobre
Varela, Mutis, Lizalde y Vitale en el
verano de Odesa y sus
rubios de jeans ajustados.

Odesa Mon Amour

The Black Sea at war over my
skin burnt a capella; the
calm of the pause of the
silence of nothingness of the
lack of nothingness of the society
purring down below
predatory like a
distant bark the
ticking of the clock the
Russian ceiling fan the
gentle whir of its
menacing propellers that
thrust its false breeze over
Varela, Mutis, Lizalde and Vitale in the
Odessan summer with its
blondes in skinny jeans.

Casablanca

Bella en aquel caos de coches,
despierta temprano, de traje y de corbata.
Florecida como la primavera más salvaje,
sin plan alguno, en su esclavitud de derroche.
Occidentalizada en un segundo,
tu medina resiste rodeada de bancos y
más allá los barrancos donde
van a morir los sin nombre.

Casablanca

Beautiful in the chaos of your cars,
up early, in a suit and tie.
Blossoming like the most savage of springs,
no plan whatsoever, enslaved to waste.
Westernized in a second,
your medina resists, surrounded by banks, and
further flung, the ravines where
the nameless go to die.

Marrakech

Besándose a escondidas los varones,
hombres bellos de la tierra de Dios
ciudad roja, feroz y estremecida
en suks de laberínticos rincones.
Vendedores de casi todo, músicos,
hipnotizadores de serpientes, acróbatas,
cuentacuentos y sus
chimpancés de manos largas.

Marrakesh

Boys secretly kissing,
beautiful men from God's land,
red city, fierce and trembling
in the souks with their labyrinthine corners.
Vendors of almost anything, musicians,
snakecharmers, acrobats,
a storyteller and his
chimps with their long fingers.

Hong Kong 5:00 A.M.

Hace rato que la ciudad ya no está iluminada
por la publicidad histérica de las
pantallas gigantes
Hace rato que los masajistas vigoréxicos
volvieron con sus dólares en los bolsillos
a dormir a casa de sus padres.

Y ahí entonces aparecen
los edificios descascarados exhibiendo la
decadencia del oriente neoliberal:
taxistas cazadores de
cucarachas tímidas y resueltas,
mientras, el cielo negro
comienza a parir su azul
manchado de rascacielos.

Hong Kong 5:00 A.M.

It's been a while since the city has been lit up
by the hysterical publicity of its
giant screens.
It's been a while since the dysmorphic masseurs
returned to their parents' to sleep,
pockets stuffed with dollars.

And then they appear
the husked buildings displaying the
decadence of the neoliberal East:
cabbies hunting
shy, resolved cockroaches,
while the black sky
it begins birthing its blue
stained with skyscrapers.

Vapores de Pekín

Una tripa estampada de enredaderas y abanicos se
mueve lenta, fuerte, dulce y precisa.
La frazada cubre el amor de los hombres que se
besan y muerden bajo ellas.
El canal de noticias sirve de cortina de humo
en aquel vaivén milenario.
Un anciano seduce al joven que cae hipnotizado.
Elijo al príncipe dinástico de mirada fruncida,
cara de niño, corte de samurai, cuerpo de atleta.
Su tatuaje de dragones rojos y yo nos
dejamos caer bajo la manta para conversar
a mordiscos, entre enredaderas y abanicos y
vaivenes y noticias.
Todo lo queremos en nuestro
mundo subterra, en nuestra
membrana en parto.
Todos inseminándonos y dándonos a luz,
multiplicándonos cual criadero humano
en la noche oriental
de esta década infinita.

Peking Vapors

A stomach patterned with vines and fans
moves slow, strong, sweet, and precise.
The blanket covers up the love of the men who
kiss and bite beneath them.
The news channel serves as smokescreen
for that ancient swaying.
An old man seduces the youth who falls, hypnotized.
I choose the dynastic prince with his demure brow,
a child's face, a samurai cut, an athlete's body.
His red dragons tattoo and I let
ourselves fall beneath the blanket to converse
with bites, between the vines and fans and
swaying and news.
We want it all in our
subterranean world, our
membrane in labor.
All of us inseminating and birthing each other,
multiplying us like a human hatchery
in the eastern night
of this infinite decade.

Piel muerta

Dead Skin

Desdoblarse

Es darse vuelta a sí mismo y girar.
Hasta sumergirse en el propio entierro,
hasta crecer retorcido de encierro.
Superarse en lucidez y nadar.

Y que la piel muerta caiga. Plantar
hasta diluirse en los ojos del hierro
y en las sombras cansadas del destierro.
Limpiar el cielo; desamurallar.

Suicidarlo todo de nacimiento
y nacionalizarse hasta volver,
en vena transparente, a ser la nada.

Inmolar otra vez el pensamiento.
Desplomar la noche hasta ya no ver.
Ser; la primera muerte evaporada.

Splitting in Two

Is turning yourself around and spinning.
Until diving into burial itself,
until growing warped from your confinement.
Bettering yourself with lucidity, then swimming.

And letting the dead skin fall off. Sowing
until dissolving yourself in iron's eyes
and in the tired shadows of banishment.
Cleaning the sky; unlaying bricks.

Suiciding every last thing from birth
and until you return, nationalizing
in a transparent vein, to be nothing.

Immolating thought again.
Collapsing the night until no longer seeing.
Being; the first death to evaporate.

Oda a Querelle de Brest

El rubio narciso
humedece los labios
picotea sus besos
sobre la roca

Es Querelle
Dadá
chapero del Barrio Chino
bailando entre sus cabellos de sol
marinero en pantalones apretados
erótico mitómano gozoso.
Suicida moral

Hueles a sexo y a césped recién cortado
hipnotizas con tu ferocidad dulce e irónica.
Las miradas se multiplican en tu reflejo.
Vic deseado y asesinado.
Gil amado y traicionado.

Tu mirada de abismo
tu espalda militar
se entrega a Nono
se entrega al policía de Brest.

El tedio del bello
la fuerza del marino
tu instinto asesino

Tu deseo es territorio
ahí respira su latencia
el amor invisible del
gato salvaje.

Todo lo purificas con la muerte.
George, Dadá.
Tus cabellos de sal
huelen a sangre y a semen.

Ode to Querelle de Brest

The narcissistic blond
licks his lips
pecks his kisses
on the rock.

It's Querelle
Dada
Chinatown hustler
dancing beneath his sunny locks
sailor in tight pants
joyous erotic mythomaniac.
Moral suicide.

You smell like sex and fresh-cut grass.
You hypnotize with your sweet, ironic ferocity.
Glances multiply in your reflection,
Vic desired and murdered.
Gil loved and betrayed.

The abyss of your gaze
your military back
is delivered to Nono
is delivered to the police of Brest.

The tedium of the beautiful
the strength of the sailor
your murderous instinct

Your desire is territory
there your latency catches its breath
the wild cat's
invisible love.

You purify everything with death.
George, Dadá.
Your salted locks
smell of blood and semen.

Tiananmen 360°

El militar vestido de niño, en su uniforme ingenuo, inmóvil sobre
la pequeña tarima, congelado contra el viento.
El niño bello como toda una dinastía sonríe como si en ese
segundo escapara de aquella cárcel.
La sonrisa me dice sácame de aquí.
Lo haría sin dudarlo un segundo, si toda esta exhortación, este
deseo, toda esta taquicardia compartida no fuese un dialogo
escondido, tan escondido que sólo lo sabemos ahora que ya
anocheció, que ya te cambiaron de guardia, que ya volviste al
cuartel.
Sólo ahora, que ya nos olvidamos de aquel segundo, infinito.
El niño uniformado de la sonrisa, escolta el mausoleo de Mao,
una caja de concreto; más allá la Tian'anmen: absoluta en su
plenitud, en su poder de la nada.
Nada existe aquí excepto policías vigilando manos a la espalda.
Nada excepto la foto de Mao encuadrada y dos pantallas
gigantescas con imágenes del poderío turístico de China; que
recuerda al militar.

El cambio de guardia agolpa a los curiosos para ver como se
acercan los militares hasta casi besarse para decir algún
protocolo o un te quiero o te espero en casa –un «no tardes»–.
Mientras se arreglan mutuamente las camisas y la chaqueta, el
cinturón; dos cazabombarderos perfectamente alineados
cortan el murmullo.
Nada más pasa en esta plaza.
Sólo eso: proezas infantiles, amor militar, deseos de fuga y un país
idealizado en imágenes. Banderas, muchas banderas rojas.

Tiananmen 360°

The soldier dressed as a child, in his ingenuous uniform,
    motionless on the tiny dais, frozen in the wind.
The boy, beautiful as an entire dynasty, smiles as if escaping at
    that very moment from that prison.
His smile says, Get me out of here.
I would do it without a single hesitation, if all this exhortation,
    this desire, all these racing heartbeats shared were not a
    hidden dialogue, so hidden that we only realize it now that
    night has fallen, that your shift's already over, that you've
    already returned to your barracks
Only now, once we've forgotten that moment, infinite.
The uniformed boy with the smile escorts Mao's mausoleum, a
    concrete box; beyond Tian'anmen: absolute in its fullness, in
    its power of nothingness.
There's nothing here but policemen on watch, hands behind their
    backs.
Nothing except the framed photo of Mao and two gigantic
    screens with images of the touristic might of China; which
    reminds me of the soldier.

The changing of the guard gathers the curious to see how the
    military approach until almost kissing to recite some protocol
    or an I love you or I'll be waiting for you at home–a *don't be late.*
Meanwhile they adjust each other's shirts, a jacket, a belt; two
    perfectly aligned fighter planes slice through the whispers.
Nothing else happens on this square.
That's it: childish feats, soldier love, desires to flee and a nation
    idealized in images. Flags, many red flags.

Total Eclipse

A Eujene

El amor nace en la mañana y
muere en la noche.

Cada madrugada hay que
limpiarle los ojos, rociarlo de
palabras, mecerlo en su
meseta de tierra rosada.

El amor nace en la mañana y
muere en la noche,
y en ese transcurso
sale a correr contigo,
con ambos, con tu resistencia,
tu cuerpo de árbol,
tu deseo como crucifixión de raíces.

El amor nace en la mañana y
muere en la noche, como las
moscas de un día,
con su alegría de alga,
su tristeza de ceniza,
su torpe cruce de deseos,
su beso de hiancia.

El amor nace en la mañana y
muere en la noche.
Y bajo ese Matahari
me construyo en ti,
renazco en tu piel,
en tus pulmones anchos y limpios.
Florecer sólo por un día en esa
posesión abstracta que tiene
fuerza ternura, golpe de susurro.

Total Eclipse

To Eujene

Love is born in the morning and
Dies at night.

Every dawn you have to
clean its eyes, douse it with
words, rock it on its
pink-earth plateau.

Love is born in the morning and
dies at night,
and over the course of that time
it goes out to run with you,
with both of you, with your resistance,
your treelike body,
your desire the crucifixion of your roots.

Love is born in the morning and
dies at night, like a
day's flies,
with its seaweed joy,
its ashen sadness,
its clumsy crossing of desires,
its kiss in the hiatus.

Love is born in the morning and
dies at night.
And under that Matahari
I construct myself in you
I'm reborn in your skin
in your wide, clean lungs.
Blossoming for just one day in that
abstract possession that has
such strength-tenderness, a whispered blow.

El amor nace en la mañana y
muere dulcemente en la noche.
Tras la mordida o el abrazo en el
ojo de un huracán de miedos de
tragedias acumuladas,
de vergüenza, de tristeza, de abandono.

El amor nace triste en la mañana y
muere encandilado en la noche,
en la realidad más concreta de
nuestra mutua admiración.
Tu sabiduría limpia,
energía pura como ladrido,
amarilla, como el Berlín más otoñal.
Y me encuentro contigo
entre estas palabras verdes,
en tus ojos de deseo que
replico en quejido, en abrazo,
bajo el agua privada.

El amor nace en la mañana,
pero te quedarás sentado,
aterrado, por la injusticia de este
desdoblarse sin sentido,
hasta caer cada uno en si mismo,
con el dolor en las manos,
con los recuerdos en la espalda,
con la muerte sentada
esperando a que anochezcas.

El amor nace sin saberlo en la mañana
y muere consciente en la noche
como un silbido susurrado,
como la conversación sincera
con el perro, con las piedras,
con los peces, con el mar
o aquella planta que
me habla en flores.

Love is born in the morning and
dies sweetly at night.
After a bite or an embrace in the
eye of a hurricane of fears, of
accumulated tragedies,
of shame, of sadness, of abandonment.

Love is born sad in the morning and
dies dazzled at night,
in the most concrete reality of
our mutual admiration.
Your clean wisdom,
pure energy like a brick,
yellow, like the most autumnal Berlin.
And I find myself with you
among these green words,
in your desirous eyes that
I respond to with a moan, with an embrace,
beneath private waters.

Love is born in the morning,
but you will remain seated,
terrified, by the injustice of this
senseless splitting apart,
until each of us falls into himself,
pain in hand,
memories behind us,
with death seated,
waiting for you to grow dark.

Love is born without knowing it in the morning
and dies conscious at night
like a whispered whistle,
like sincere conversation
with the dog, with the stones,
with the fish, with the sea
or that plant that
speaks to me in flowers.

Pero, hay días en que no apareces;
la mañana, toda esperando,
y no apareces: los pájaros, el café,
el cartero, el cepillo de dientes,
todos esperando. Y no apareces.
Ahí entonces debo vestirme de machi,
inventarte en el aire, en las paredes,
llamarte a gritos hacia el cielo.
Para que nazcas, que el botón tímido
se abra: que es el día, que la luna ya no está.
Rezar, creer en todos los dioses,
revolver las cosas y bailar llorando.

Hasta que tu pequeña luz aparece
y el pétalo soñoliento mira la habitación
frunciendo el ceño. Hasta que sin saber
de su muerte, el amor nace
bello por la mañana como un
viejo de cien años, una ola exacta
absorbida por su amante de arena.

Título basado en el film homónimo de Agnieszka Holland.

But, there are days when you don't appear;
the morning, all of it waiting,
and you don't appear: the birds, the coffee,
the mailman, the toothbrush,
all of them waiting. And you don't appear.
Then I must dress up like a machi,
invent you in the air, on the walls,
call out to you skyward.
For you to be born, for the shy button
to open: which is the day, when the moon is gone.
Praying, believing in every god,
Stirring things up and dancing while weeping.

Until your little light appears
and the drowsy petal peers at our room
furrowing its brow. Until without knowing
of its death, love is born
beautiful in the morning like a
one hundred year old, a precise wave
absorbed by its lover made of sand.

Title based on the film by the same name by Agnieszka Holland.

Las Palabras

A mis palabras las quiero libres de
tanta medicina experimental de
tanta asistencia social de
tanto fruncir el ceño.

No las quiero como extensión de una máquina,
para dar instrucciones.
No las terapéuticas de autoayuda.

Las quiero dulce voraces, carnívoras,
omnívoras, veganas;
lácteas como dientes de nómada mongol!

No las de protocolo, las hipócritas,
las reglamentarias.
Nada de no significar.

Palabras que ladren,
que lloren que giman de placer
y dolor son las que quiero

No las de venta
de copy, ni menos de copys.

Quiero palabras conscientes, humanas,
budistas o hinduístas,
pensantes las prefiero. Pragmáticas,
fantasmales, ambiguas;
discretas como un amante tierno.

Ninguna palabra para evitar
el silencio, la nada dormida.

Quiero palabras que abran caminos,
de Indochina hacia la India.

Words

I want my words free of
so much experimental medicine of
so much welfare of
so much furrowing of the brow.

I don't want them like the extension of a machine,
giving instructions.
Not the therapeutic ones of self-help.

I want them sweet voracious, carnivorous,
omnivorous, vegan;
milky like the teeth of a Mongolian nomad!

Not belonging to protocol, nor hypocritical,
not regulatory.
None that are meaningless.

Words that bark,
that weep that moan in pleasure
and pain are the ones I want.

Not the copywriter's
and definitely not a team of them

I want conscious words, human,
Buddhists, or Hindus,
I prefer them thinking. Pragmatic,
ghostly, ambiguous;
discreet as a tender lover.

Not a single word to avoid
silence, sleeping nothingness.

I want words that open paths,
from Indochina to India.

No las que matan el amor
ahuyentan el ruido o el caos
ordenan en la mente angosta de un párquing.
No las que reglan, ¡Verboten!

Prefiero preguntas, los porqués,
los hasta cuándo, las palabras
                    LIBERTAD
                    ENHORABUENA

No las televisadas, las publicitarias,
para invisibilizar
al tejedor, hacinados por docenas
en containers, a las afueras de Saigón.

Palabras bailantes quiero,
sin dios,
sueltas, sueltecillas,
eufóricas de tanto karaoke en la china más capitalista.

No las palabras ARMAS,
no las del paternalismo arrogante, la prepotencia
egoísta del YO.

Palabras que se dilaten,
que miren a los ojos, hasta
el terror, al fondo, color café recién tostado.
Dame las que procrean,
las valientes, las kamikaze,
las que sí, son las que quiero.

No a las sarcásticas, ensimismadas
en su pequeño salón
amueblado de libros y guías de teléfono.

Sin edulcorantes las quiero
picantes como una sopa de fideos en Xi'An.
Crudas, ácidas, frescas como el frío refrescante
de la mañana más temprana en Novosibirsk.

Not those that kill love
scare off noise of chaos
order the narrow mind of a parking lot.
Not those that regulate, *Verboten!*

I prefer questions, the whys,
the until whens, the words
LIBERTY
CONGRATULATIONS

Not ones for TV or for publicity,
for making the weaver
invisible, crowded by the dozen
in containers, on the outskirts of Saigon.

I want dancing words,
godless words,
words loose and loosened up,
euphoric from so much karaoke in the most capitalist of Chinas.

Not the words WEAPONS,
not those of arrogant paternalism, the egoist
prepotency of ME.

Words that stretch,
that stare into the eyes till reaching
the terror in their depths, the color of just-roasted coffee.
Give me those that procreate,
the brave, the kamikaze,
those that do, are the ones I want.

No to the sarcastic ones, self-absorbed
in their little living room
furnished with books and telephone directories.

I want them unsweetened,
spicy like a noodle soup in Xi'an.
Raw, acidic, crisp like the refreshing cold
of the earliest morning in Novosibirsk.

No la palabra MIEDO; que mata.

Las palabras recién nacidas son las que quiero
las que toman el sol.
Las que liberan esclavos
con su luz de madrugada.

No las que enyugan o adormecen,
las que dicen por decir, como una
cita encubierta de tándem.

Las que quiero son las palabras VIENTRE,
sexuales, frías o calientes.
Las que lloran a gritos.
Las que no entienden y se quedan
solitarias y nubladas.

No las que no tocan por no dañar.
No las que no.

Quiero palabras dormidas de cansancio,
de tanto ser máquinas y morder la tierra
las palabras   HISTORIA
                  RECORRIDO
                  CAMINO
                  MUNDO

No las que reducen, a la nada.
No las que esclavizan a un paciente torpe.

Las que seducen y traducen
incestuosas entre ellas
Para encontrarse nuevamente y gritar
su significado sin fin.
Las que callan son las que quiero,
las que bailan
como si fuese el último día de la vida.

A partir del poema homónimo de Pablo Neruda.

No to the word FEAR; which kills.

Newly born words are the ones I want,
those that sunbathe.
Those that free slaves
with their morning light.

Not those that yoke or numb,
those that talk just to talk, like a
covert double date.

What I want are the words BELLY,
sexual ones, cold or hot ones.
Those that sob.
Those that don't understand and remain
lonely and clouded.

Not those that don't touch so as not to damage.
Not those that don't.

I want words passed out from exhaustion,
from so much work being machines and biting the earth
the words   HISTORY
               ROUTE
               PATH
               WORLD

Not those that reduce to nothingness.
Not those that enslave a clumsy patient.

Those that seduce and translate
incestuous amongst themselves
To run into each other again and shout out
their endless meanings.
Those that silence are the ones I want,
those that dance
as if it were the last day of their lives.

After Pablo Neruda's poem by the same title.

Teresa Wilms Montt

Soy yo, Luz Montt en 1893, dando un grito de dolor por tu
    llegada
Soy Guillermo Wilms observándote con distanciamiento
    quirúrgico
Soy la institutriz que te enseñó francés y te preparó al exilio
Soy yo, tu esposo Gustavo Balmaceda que te mandó a encerrar
    por celos
Soy la monja superiora del convento de la Preciosa Sangre que
    guarda la llave de tu celda
Soy la soledad que me mira con ojos de muerta
Soy yo, Vicente Huidobro cayendo en paracaídas en 1916 para
    ayudarte a escapar
Somos nosotras, tus hijas Elisa y Silvia, que te extrañamos mamá
Soy el deseo de verlas aunque fuese a escondidas un minuto en
    los Jardines de Luxemburgo
Soy yo, el policía gringo que te confunde con una espía alemana
    en Nueva York
Soy Buenos Aires y tus primeros libros
Somos Valle-Inclán y Gómez de la Serna, tus amigos madrileños
Soy yo, la mayor desterrada del siglo, silenciada por la mediocre
    aristocracia criolla
Soy Anuarí, enamorado de tu sombra y de tus ojos hasta la
    muerte
Somos Max Ernst y el Rey Alonso XIII tus admiradores
Soy yo, la soledad que me mira con ojos de muerta
Soy el frasco de Veronal que te zampaste en un París gélido
Soy los días de agonía en el hospital Laënnec
Somos Couvé, Parra, De Rokha y Alcalde que seguimos tu
    ejemplo
Soy un hipster leyéndote en e-book en tu Père Lachaise eterno
Soy yo, Teresa Wilms Montt, que nunca más volví a Chile.

Teresa Wilms Montt

It is me, Luz Montt in 1893, crying in pain at your arrival
I am Guillermo Wilms observing you with surgical distance
I am the governess who taught you French and prepared you for
    exile
It's me, your husband Gustavo Balmaceda, who had you locked
    up out of jealousy
I am the superior nun of the convent of the Precious Blood that
    holds the key to your cell
I am the loneliness that stares at me with a dead woman's eyes
It's me, Vicente Huidobro in 1916, parachuting in to help you
    escape
It's us, your daughters Elisa and Silvia, who miss you mom
I am the desire to see them even if for a secret minute in the
    Luxembourg Gardens
It's me, the gringo policeman who mistakes you for a German
    spy in New York
I am Buenos Aires and your first books
We are Valle-Inclán and Gómez de la Serna, your friends from
    Madrid
It's me, the greatest exile of the century, silenced by the mediocre
    creole aristocracy
I am Anuarí, enamored till death with your shadow and your eyes
We are Max Ernst and King Alonso XIII your admirers
It's me, the loneliness that stares at me with a dead woman's eyes
I am the flask of Veronal that you gobbled up in frigid Paris
I am the throes of death at the Laënnec hospital
We are Couvé, Parra, De Rokha, and Mayor who follow your
    example
I am a hipster reading you as an ebook in your eternal Père
    Lachaise
It's me, Teresa Wilms Montt, who never again returned to Chile.

Berlín Manila

Volábamos a la mamama de la luz
en nuestro anonadante Harrier de cabina ancha
con cajones de ostras, brevas y vinos caros
llenos de amor y desastres del corazón

Diego Maquieira

We flew toward gurgling of light
in our stunning wide-cab Harrier
with cases of oysters, figs, and fine wines
Full of love and disasters of the heart

Diego Maquieira

I

Vengo de Chile pasando por Berlín llegando de
Varsovia partiendo a Minsk camino de Moscú

vengo cargando antros multicolores
la histeria medieval de los oficinistas

traigo las alas marchitas y tristes
la resaca gubernamental de merkelandia

vengo bailando maquinal
coronado de colores transparentes
vengo de la fiesta del after del post
vengo enceguecido por el sol molesto
por la realidad molesta

vengo de negro invernal
de vendedor gritón
vengo de rugido de tranvía

I

I come from Chile passing through Berlin arriving from
Varsovia departing for Minsk on my way to Moscow

I come bearing colorful dives
the medieval hysteria of bureaucrats

I bring sad shriveled wings
the governmental hangover of merkeland

I come dancing mechanical
crowned with transparent colors
I come from the afterparty the after after
I come blinded by the bothersome sun
by bothersome reality

I come from the winter black
from the shouting hawker
from the trolley's snarl

II

Grisáceo en este Harrier imperial
el quejido cada vez más intenso
pasa el tren la frontera
el bello policía entra en la cabina
regala su mirada de príncipe escolar
el vals postsoviético comienza
la guardia bielorrusa de ojos líquidos carga
el imperio en sus broches dorados como
fiesta brechtiana
toda en sepia
se lanza al pasaporte
emborronado hasta la transparencia

ataca el documento evaporado
su lupa luminosa
sus gestos de robot

toda la guerra fría los espías la KGB
se instalan en mi escenario privado
hasta devolverme el escudo animal

un tercer fronterizo
el bielorruso quiere una
declaración de amor
me pregunta por drogas y
solo deseo en la mochila
amor del bueno si se quita
lentamente el uniforme
solo guiña el ojo
cierra dulce la puerta

la locomotora de este D10 El Polonez
se entrega lenta a la gravedad

II

Grayish on this imperial Harrier
the ever louder whine
the train passes the border
the beautiful policeman enters the cabin
gifts us the gaze of a schoolboy prince
the post-soviet waltz begins
the Belarusian guard with liquid eyes
shoulders the empire on her golden barrettes
like a Brechtian soirée
all in sepia
he pounces on her passport
smudged to gossamer

his luminous loupe
his robotic gestures
attack the evaporated document

the entire Cold War the spies the KGB
plays out on my private stage
until I am returned my animal coat of arms

a border third
the Belarusian wants
a declaration of love
asks if I have drugs
and all I want in my backpack is
love—a good one—if she slowly
peels off her uniform
she just winks
sweetly closes the door

the locomotive of this D10 The Polonez
slowly gives itself over to gravity

aterrizamos en la capital de Rusia
bañada en sangre fresca de Borís Nemtsov
Moscú incendiada y vuelta a construir
cinco mil niños hambrientos vagabundeando entre
lenines y pushkines entre
hoces y martillos dorados
vagabundeando mi doctor y yo
el primer el segundo el tercer día en las interminables
escaleras eléctricas la ciudad subterra
vagabundeando entre la multitud silenciosa en los
vagones como templos entre
pasajeros ensimismados

el imperio ruge aquí
en la quietud de sus tripas del miedo
el PODER ABSOLUTO del premio y el castigo

a los doce millones de moscovitas les cuelgan
muertos al cuello
aplastados por sus estatuas innombrables.

and we land in the capital of Russia
bathed in the fresh blood of Boris Nemtsov
Moscow burned down and rebuilt
five thousand hungry children wandering
among Lenins and Pushkins
among golden hammers and sickles
wandering my doctor and I
the first the second the third day
on the interminable escalators
the subterranean city
wandering among the silent multitude
in the cars like temples
among passengers lost in thought

empire roars here
in the stillness of its innards of fear
the ABSOLUTE POWER of reward and punishment

they hang the dead from the necks
of all twelve million Muscovites
crushed by unmentionable statues

III

La capital del deseo es religiosa
persignarse antes de entrar al darkroom
la capital del capital y sus multimillonarios
el realismo socialista y Gucci

capital de Lenin Dostoievski Stalin Pushkin
capital de Cirilo y Metodio

capital imperial de la expansión la anexión

ya es hora de subir al Transiberiano
que espera habitado como casa okupa
avanzamos hacia el centro de la tierra
abordo de este Harrier cada vez más
crujiente poblado de rusos en calzoncillos
hacia los Urales a la blanca Siberia a
veintiocho grados mientras se tiende
la nieve a sus anchas

la riqueza mineral del imperio
premia al pueblo con calor de invierno
el confort por el voto al sueño del
pasado glorioso la
Rusia zarista y soviética
convertida en escombros

la invasión de Crimea el último coletazo este
MONSTRUO IMPERIAL mostrando pecho

se abren ahora los territorios de la
literatura patria
con Pushkin a la cabeza y su
pléyade posterior de rusos profundos
a paso firme risueños y brutales

III

The capital of desire is religious
crossing yourself before entering the darkroom
the capital of capital and its billionaires
socialist realism and Gucci

capital of Lenin Dostoevsky Stalin Pushkin
capital of Cyril and Methodius

imperial capital of expansion annexation

it's time to board the Trans-Siberian
waiting inhabited like a squat
we move towards the center of the earth
aboard this ever crunchier Harrier
populated by Russians in their underwear
toward the Urals toward white Siberia toward
twenty-eight degrees while the snow
stretches out at ease

the empire's mineral wealth
rewards the town with winter warmth
comfort in exchange for a vote for the dream of the
glorious past
Tsarist and Soviet Russia
turned to rubble

the invasion of Crimea the latest flick of its tail this
IMPERIAL MONSTER showing its chest

now they open up the territories of the
literature of the homeland
with Pushkin at the head and his
rear pleiad of deep Russians
smiling and brutal steadily march

vamos a Siberia pasando por Ekaterinburgo a orillas del
Iset en esta nave palpitante transcontinental
posesa en su poder energético
como una gran latifundista

Rusia respira aún EMPERADORA toda una
inmensidad territorial delirante en su
blanco almendra tiñe el adn de los bosques
mimetiza árboles y pueblos

we head toward Siberia passing through Yekaterinburg on the
          shores of the
Iset on this throbbing transcontinental ship
possessed in its energetic power
like an enormous landowner

Russia breathes still EMPEROR entirely a
territorial immensity delirious in its
almond white it stains the DNA of the forests
mimics trees and towns

IV

Dejo el tren para mirar de cerca
la Rusia profunda de Maiakovski los
futuristas los simbolistas
Chejov y Ostrovski

Todo sigue igual como si el realismo
fuese el libreto para ser
ser en largos abrigos
ser en la DECADENCIA orgullosa
ser en el poder que se detuvo
ser lo que ya no se es
ser en obediencia a cambio de ilusión
ser Rus de Kiev y no recordar
ser poder de príncipes y zares y épica
ser del partido que ya no está
ser en toda la glotonería
la brutalidad la compasión
del territorio habitado más frío del planeta
ser un mundo perfecto.

IV

I get off the train to see up close
the deep Russia of Mayakovsky
of the Futurists the Symbolists
of Chekhov and Ostrovsky

Everything's the same
as if Realism were
the libretto to be
to be in long coats
to be in proud DECADENCE
to be in the power that stalled
to be what one no longer can be
to be in obedience in exchange for illusion
to be Kievan Rus' and not remember
to be the power of princes and tzars and epics
to be of the party that no longer is
to be in all the gluttony
the brutality the compassion
of the planet's coldest inhabited territory
to be a perfect world.

V

Atrás va quedando el planeta Gogol
territorio multiétnico en
expansión atemporal
del Mar Negro al Caspio del
Báltico al Pacífico
su riqueza mineral no alcanza
a los burdeles modernos de machos perfectos
a los poetas en áticos bombardeados por el capital
a los orfanatorios abandonados
repletos y sin escapatoria

aterrizo en Ulán Bator con luna llena
llego desde la Rusia nostálgica y subyugada
de Moscú y los Urales en este Harrier
vacío y primaveral en ornamentos que
susurran oriente

me reciben los mongoles rojos de montaña y frío
nos internamos al centro de la tierra al
gutural y sonoro mongol cubierto de sol.

V

Gone now Gogol's planet
multi-ethnic territory in
timeless expansion
from the Black Sea to the Caspian from the
Baltic to the Pacific
its mineral wealth does not reach
the modern brothels with their perfect males
the poets in their attics bombed out by capital
the abandoned orphanages
full and without any escape

I land in Ulaanbaatar with a full moon
I come from nostalgic and subjugated Russia
from Moscow and the Urals on this
empty Harrier, spring-like in ornaments that
whisper East

I am received by the Mongols red from the mountains and cold
we enter into the center of the earth into the
guttural, sonorous Mongol covered in sun.

VI

Nomadismo y budismo la
capitalidad del fuego para
cocinar las carnes
el fuego para acceder al deseo
el fuego del héroe rojo para
guarecerse en las estepas
en las montañas en el desierto de la
Mongolia nómada
el fuego para iluminar mi ger
solitario para derretir
el hielo y encender los saunas
donde se agolpan los gordos de
sopa y tallarines
sonrientes en dientes lácteos
es el momento sedentario del
nómada que no es errante

vuelven al camino a los recursos
autodeterminados musicales ecológicos

la TRASHUMANCIA sabe
cuando hay que irse
sin dejar cenizas

el realismo del mongol cirílico
la crónica de un siglo que
espera la nueva poesía postperestroika
que cante de sus tribus sus clanes
la identidad en movimiento del
pastor en la disco del
cazador en el darkroom
que hable de la bella ambigüedad de
hombres y mujeres
vestidos idénticos

VI

Nomadism and Buddhism the
capital of the fire for
cooking meats
the fire to access desire
the red hero's fire for
taking refuge on the steppes
in the mountains in the desert
nomadic Mongolia
the fire to light up my lonely
ger to melt
the ice and start the saunas
where they jostle those fattened on
soup and noodles
smiling with milky teeth
it's the sedentary moment of the
nomad who's not wandering

they return resources to the path
self-determined ecological musicals

TRANSHUMANCE knows
when one must depart
leaving no ashes behind

cyrillic mongolian realism
the story of a century that
awaits the new post-perestroika poetry
that sings of its tribes its clans
identity in motion of the
shepard in the disco of the
hunter in the darkroom
that speaks of the beautiful ambiguity of
men and women
dressed identically

un canto al postchamanismo al
tsam el baile enmascarado que
exorciza los malos espíritus un
canto difónico para evocar la
primavera que tarda en llegar
hasta estas montañas.

a hymn to post-shamanism to
tsam the masked dance that
exorcizes evil spirits a
diphonic hymn to evoke the
spring which takes its time arriving
to these mountains.

VII

El Transmongoliano susurra que a China
aquí quedan cementerios de dos mil años
el frío que duele un
pequeño monasterio incrustado en la roca del
Terelj la Mongolia más profunda

atrás quedan Gengis Kan y su caballo
fascista la escultura del deseo de ser imperio
atrás las peleas en cada esquina
el amor aguerrido de hotel
atrás la LIBERTAD NÓMADA el
sedentarismo sexual
atrás el budismo rescatado del
exterminio soviético
solo andar con lo necesario para el
camino a la próxima vida

el ahora moderno Harrier
detiene su locomotora en China
Xi'An se acerca para abrazar entre
gritos y ojos rasgados
selfies y sopas picantes
la curiosidad de los niños el
volverse exótico en la propia marginalidad
el frío desaparece aquí
en la paz occidental
la confluencia de ocho ríos
la parada oriental de la ruta de la seda.

VII

The Trans-Mongolian whispers that to China
there remain here two thousand years of cemeteries
the cold that aches
a small embedded monastery embedded
in the rocky Terelj
the Deepest Mongolia

back there remains Genghis Khan
and his fascist horse
the sculpture of his desire to become an empire
back there the arguments on every corner
the hardened love of the hotel
back there NOMADIC FREEDOM
sexual sedentarism
back there Buddhism rescued
from Soviet extermination
only travel with what's necessary
on the path to the next life

the now modern Harrier
stops its locomotive in China
Xi'an approaches to embrace
among shouts and almond-shaped eyes
selfies and spicy soups
the curiosity of children
becoming myself exotic
on the very margins
the cold disappears here
in occidental peace
the confluence of eight rivers
the eastern stop
on the Silk Road.

VIII

Cuatro mil años de civilización se
sienten el peso de la mirada la
anchura de las casas los edificios
la densidad de azulejos las incrustaciones
la determinación del pueblo
toda la naturaleza expansiva de China
imperial proyectada en sus
edificios sus coreografías callejeras
el rugir de mercados repletos

cuatro mil años y luego
temor y miseria y TORTURA en
las cárceles terror en
las cárceles hambre en
las cárceles de la vergüenza
cárceles por las ideas
la muerte Wen Yiduo

los tongzhi de Xi'An no tienen miedo
la perversión capitalista se disfruta
como en tiempos del dios queer
Hu Tianbao grindr mediante

voy al sur dejando la Xi'An de los mercados los
dragones de papel y bienvenida China.

VIII

Four thousand years of civilization
feel the weight of gazing the
width of the houses the buildings
the density of tiles the inlays
the people's determination
all the sprawling nature of imperial
China projected on its
buildings its streetlife choreographies
the roar of crowded markets

four thousand years and then
fear and misery and TORTURE in
the prisons terror in
the prisons hunger in
the prisons of shame
prisons for ideas
the death of Wen Yiduo

the tongzhi of Xi'an have no fear
capitalist perversion is enjoyed
like in the times of the queer god
Hu Tianbao by means of Grindr

I head south leaving the Xi'an of the markets the
paper dragons and welcome China.

IX

La higiene del tren frío blanco orden
té movimientos meticulosos precisos
milenarias miradas escondidas

el tren se detiene en una magalópolis secreta
treinta millones duermen trabajan
bailan en la calle se muerden bajo las sábanas
treinta millones comen comen comen

las sopas de fideos los palillos
el sonido de comida entrando a la boca

Chongqing cuelga del cielo
contradice la anchura de la tradición
alza la ciudad más bombardeada de China
majestuosa a orillas del Yangzi

del trigésimo piso al subterráneo
los trabajadores suben y bajan
en interminables escaleras
y los niños escondidos
estudian estudian estudian.

IX

The hygiene of the train cold white order
tea meticulous precise movements
ancient glances hidden

the train stops in the secret megalopolis
thirty million sleep
work dance on the street
bite each other beneath the sheets
thirty million eat eat eat

the noodle soups the chopsticks
the sound of food entering the mouth

Chongqing hangs from the sky
contradicts tradition's width
raises the most bombarded city in China
majestic on the banks of the Yangtze

from the thirtieth floor to the underground
the workers go up and down
on endless stairs
and the hidden children
study study study.

X

Vuelvo al Harrier y al sur
atrás queda el país más grande del mundo
la lengua más hablada del mundo la
mayor CENSURA del mundo
la libertad más restringida
el país de los amantes masculinos
el país del dios Hu Tianbao
hasta aquí los imperios
Rusia Mongolia China hasta aquí
esa historia escrita en sangre

escapando como Liao Yiwu
entro a Vietnam que huele a pólvora
huele a TRINCHERA ENSANGRENTADA
gritos lejanos de auxilio
sin respuesta
huele al abandono de dios.

X

I return to the Harrier and to the south
here is the biggest country in the world
the most spoken language in the world
the greatest CENSORSHIP in the world
the most restricted freedom in the world
the country of masculine lovers
the country of the god Hu Tianbao
up to here the empires
Russia Mongolia China
up to here that history
written in blood

I enter the Vietnam that smells like gunpowder
escaping like Liao Yiwu
it smells like a BLOOD-SOAKED TRENCH
distant cries for help
unanswered
it smells like god's abandonment.

XI

Vengo de Chile y Berlín llegando a Hanoi
camino a Saigón y a Nom Penh
la capital de Indochina que
ganó la guerra a Yankilandia que
inició el pacifismo
la capital del Pho Bo y
los perros los perros en la parrilla

Hanoi sabe de GUERRA anexiones
territorialidad prisioneros
acuerdos de paz
invasión reunificación y perros

ALTO AL FUEGO y niños muertos.

XI

I come from Chile and Berlin arriving to Hanoi
on the way to Saigon and Phnom Penh
the capital of Indochina that
won the war against Yankeeland that
started pacifism
the capital of Pho Bo and
dogs grilled dogs

Hanoi knows about WAR annexations
territoriality prisoners
peace accords
reunification invasion and dogs

CEASE FIRE and dead children.

XII

Es hora de cruzar a Camboya
el hogar del bello khmer

voy a Nom Penh
camino a Bangkok
llegando a la frontera

tlay pon-man?

XII

It's time to cross over to Cambodia
home of the beautiful khmer

I'm going to Phnom Penh
on the way to Bangkok
reaching the border

tlay pon-man?

XIII

Llegar y escapar de Nom Penh
el mundo y su horrible desproporción
la poesía política contemporánea
debe ser documental dice el poeta Liwu

llorar a gritos es lo que queda
llorar a gritos desconsoladamente por
toda la inmensa estupidez de estar aquí
tu impaciencia tus ridículos miedos
tus chalas alemanas
tu camisa algodonada fabricada aquí
llorar llorar
por EL MENDIGO DE SEIS AÑOS
tu lápiz verde tu libretita
llora y sigue llorando
la injusticia del mundo
el occidente depredador consume
con toda su medieval glotonería
llora refrescado por el aire acondicionado
sécate las lágrimas con el pañuelo
que te trae el camarero
desconsuélate siéntete billete verde
solo dólares salen de los cajeros
en dólares pagas al tuk tuk en carnaval
en dólares pagas al usurero irlandés del hostal
en dólares compras la comida que te pide el
niño se la das y compras más y se la das y
vienen más y sigues comprando hasta que
el vendedor los echa a latigazos
nada cabe en tu estómago aburguesado que
viene a vitrinear la MISERIA
lee tu novelita
duerme entre ventiladores
llora de vergüenza
que cuando
la prostitución infantil mira a los ojos
el mundo se derrumba.

XIII

Arriving to and escaping from Phnom Penh
the world and its horrible disproportion
contemporary political poetry
must be documentary says the poet Liwu

sobbing is what remains
sobbing inconsolably at
all the immense stupidity of being here
your impatience your ridiculous fears
your german slippers
your cotton shirt manufactured here
sobbing sobbing
by THE SIX-YEAR-OLD BEGGAR
your green pencil your little notebook
sob and keep sobbing
the injustice of the world
the predatory West consumes
with all its medieval gluttony
sob refreshed by air conditioning
dry your tears with the handkerchief
the steward brings you
despair feel green bill
only dollars come out of the ATMs
you pay the carnival tuk tuk in dollars
you pay the Irish loan shark at the hostel in dollars
you buy the food that the child asks you for in dollars
and you give it to him and you buy more and you give it to him and
more come and you keep buying more until
the vendor chases them out with his whip
nothing fits in your bourgeois stomach that
has come to window gaze at MISERY
read your little novel
sleep between your fans
sob in shame
that when
child prostitution looks you in the eye
the world is demolished.

XIV

Atrás queda Camboya
pobre bella libre ojos de miseria
tatuada queda la derrota del HAMBRE
los palacios la literatura de la corte
las historias de amor afrancesadas
el teatro que distrae
la pobreza agazapada
bajo el budismo silente

Bangkok aplasta
la pobreza de Camboya
con calles elevadas
el metro supersónico
el cosmopolitismo consciente

antigua profunda seria decidida
frenética en su carrera en
bucle para volver al mismo lugar

llego a Tailandia BIGÉNERA PANGÉNERA.

XIV

Cambodia is behind me
poor free beauty eyes of misery
the defeat of HUNGER is left tattooed
the palaces the court literature
the frenchified love stories
the theater that distracts
poverty crouching
beneath silent Buddhism

Bangkok crushes
the poverty of Cambodia
with elevated streets
the supersonic subway
the conscious cosmopolitanism

ancient deep serious decided
frenetic on its route on
loop to return to the same place

I arrive to BIGENDERED PANGENDERED Thailand.

XV

Vengo de Chile camino a Malasia
pasando por Berlín Mongolia Vietnam
vengo a caminar por los canales cegados
que sirvieron aquí de fronteras
a celebrar la circulación
del ANTIBINARISMO: los invertidos los
de género intermedio los gender crosser los
mannweib los varones bellos y afeminados
una gran Molly House al aire libre

dos espíritus según los winkte en el
calor seco de este mayo queer
como LOS KATHOEY o los
adolescentes de labios pintados y
uniforme escolar sin el temor occidental
al odio y sin culpa
aquí son los ángeles
en la ciudad de los ángeles
cruzada por el río Chao Praya
motorizada por su centralidad asiática.

XV

I come from Chile on my way to Malaysia
passing through Berlin Mongolia Vietnam
I come to walk down the filled canals
that served here as borders
to celebrate the movement
of ANTIBINARY: the inverted ones
those with in-between gender the gender crossers
the mannweib the beautiful, effeminate males
a great open-air Molly House

two spirits according to the Winkte
in the dry hear of this queer May
like THE KATHOEY
or the teenagers in lipstick
and school uniforms without the western heart
of hate and without guilt
here they are the angels
in the city of angels
crossed by the river Chao Phraya
motorized by its Asian centrality.

XVI

Con ambigüedad calmada
con DOS ALMAS vuelvo a este Harrier
tres veces más humano que al salir de Chile
que al pasar por Berlín
que al llegar a Asia

atrás queda Tailandia
desafiando la occidentalidad medieval
quedan los amantes agradecidos
el edén del placer
que calma el cuerpo
sus ángeles lascivos

llego a Malasia y el verdor del paisaje
el olor a LAKSA
toda George Town huele a sopa de
fideos de migrantes chinos
indios portugueses holandeses británicos
huele a CAZUELA DE VERMICELLI de los
peranakan con ajíes rojos y picantes
la cebolla que abre el apetito
huele a flores de jengibre piña menta

escucho el ruido de fideos de arroz
entrando en la boca los veo
elevándose con palillos
evocando la longevidad
en George Town recupero al fin el aliento
la negrura del café tostado en
azúcar y mantequilla

XVI

With calm ambiguity
I return to this Harrier with TWO SOULS
three times more human than when I departed Chile
than when I passed through Berlin
than when I arrived to Asia

Thailand is behind me
challenging medieval Westerness
my appreciated lovers remain
the Eden of pleasure
that calm the body
its lascivious angels

I arrive to Malaysia and the greenness of the landscape
the scent of LAKSA
all of George Town smells like the noodle
soup of Chinese
Indian Portuguese Dutch British migrants
smells like the VERMICELLI CASSEROLE of the
Peranakan with hot red chilis
the onion that whets the appetite
smells like flowers of ginger pineapple mint

I hear the noise of rice noodles
entering the mouth I see them
rising with chopsticks
evoking longevity
in George Town I finally catch my breath
the blackness of coffee toasted
in sugar and butter

esperaría siglos
por un imponente CHAR KUEY TIOW
los fideos planos fritos con soya ajíes rojos y
camarones almejas huevos de pato
porotos negros frito todo
en el tocino ahumado
y recuperar la energía
del trabajador de este país arcoíris.

I would wait centuries
for a mighty CHAR KUEY TIOW
the flat noodles fried with soy red chilis and
shrimp clams duck eggs
black beans all of it fried
in smoked bacon
to recover the laborer's
energy in this rainbow country.

XVII

Un tren frigorífico me deja en Kuala Lumpur
destruida y repoblada por migrantes
aquí huele a TEH TARIK té con leche condensada
escanciado hasta la espuma como en el
Santiago de los 80
la capital del reino es el mundo la
colonialidad británica la
tradición china
la arquitectura islámica sus
edificios inalcanzables
feroces fálicos como el poder de un
Bak kut la sopa de costillas de chancho
cocidas a fuego lento
horas en un caldo
impensable para Lutero en el
líquido flotando anís canela
clavo de olor angélica y ajo
semillas de hinojo
todo entre los bultos de los chinos
que llegaron a la Malasia británica
todo mezclado con
sabores de India Nepal
Tailandia Indonesia Vietnam
y de los conquistadores
la coreografía multiétnica
brilla en el Cendal y su locura
dulce y fría de leche de coco
hielo molido
TALLARINES VERDES DE JALEA
porotos rojos

XVII

A refrigerated train leaves me in Kuala Lumpur
destroyed and repopulated by migrants
here it smells like TEH TARIK tea with condensed milk
poured to the foam like in
1980s Santiago
the capital of the kingdom is the world
British colonialism
Chinese tradition
Islamic architecture its
unreachable buildings
fierce phalic like the power of a
Bak kut the soup made from a pig's ribs
simmered
hours in a soup
unthinkable for Luther
anise cinnamon
angelic clove and garlic
fennel seeds floating in the liquid
all of it amidst the bundles of the Chinese
who arrived to British Malaysia
all mixed with
flavors of India Nepal
Thailand Indonesia Vietnam
and of the conquerors
the multiethnic choreography
shines in the Sendal and its
sweet, cold madness of coconut milk
crushed ice
GREEN JELLY NOODLES
red beans

dejo ya la capital del taco el reino de
comidas sofisticadas la reina y su rey
la censura y la corrupción
tras pasear con mi doctor por la
Malaca portuguesa holandesa británica
devorar un pollo troceado con soya y ají
las bolas de arroz olorosas como un
nyonya laksa de leche de coco
blanca como el arroz aromático
de un NASI LEMAK
el plato nacional
las anchoas
el cordero al curry
maní.

I'll leave behind the capital of the taco the kingdom of
sophisticated dining the queen and her king
censorship and corruption
after visiting Malacca with my doctor
Portuguese Dutch British
devouring a chopped chicken with soy and chili
pungent rice balls like a
coconut milk nyonya laksa
white like the aromatic rice
of a NASI LEMAK
the national dish
anchovies
curried lamb
peanuts.

XVIII

Y aterrizo en Manila
capital de la Asia cristiana
FERVOROSA DEVOTA de
nuestra señora de la Regla
nuestra Señora de la Caridad
nuestra señora de los Desamparados
nuestra Señora del Santísimo Rosario
nuestra Señora de la Paz
nuestra Señora del Buen Viaje.

XVIII

And I land in Manila
capital of Christian Asia
FERVENT DEVOTEE of
our lady of the Rule
our Lady of Charity
our lady of the Forsaken
our Lady of the Most Holy Rosary
our Lady Peace
our Lady of Good Journey.

XIX

El periplo termina aquí donde
la música se apaga en su ciclo
redundante la fiesta se quiebra como
declaración de ministro como el
pestañeo lentísimo de un gigante como
biombo de burdel en la China más antigua o
una siesta leve en el verano de Sevilla

qué el viaje comience.

XIX

The voyage ends here where the
music dies down in its redundant
cycle the party breaks
like a ministry declaration
like the tedious blinking of a giant
like a brothel screen
in the most ancient China
or a light nap
in the summer of Seville

may the journey begin.

Nota del autor

La presente poesía reunida incluye 4 poemarios y una plaquette que escribí entre Barcelona y Berlín a partir de 2006, y publicados entre 2009 y 2020.

El *Abecedario* que abre este libro fue publicado por primera vez en 2009 –bajo el seudónimo de Jofre Rueca– en la antología de ganadores del Concurso Nacional de Poesía y Ensayo Gabriela Mistral (La Serena, Chile 2009) que le otorgó una mención de honor. Lo escribí en Barcelona entre 2006 y 2008, y para su forma de diccionario tomé el *Dictionnaire des idées reçues* (1911) de Gustav Flaubert. Cada poema de este *Abecedario* es un intento de significado. En 2012 lo edita Diego Iturrriaga Barco en Siníndice (Logroño) con un texto de contraportada de Sergio Gaspar. En 2016, Marisol Vera lo reedita en Cuarto Propio (Santiago) con preámbulo de Elvira Hernández.

El segundo es *Usted*, una pequeña colección en formato audioleporello—una audio-antología en forma de acordeón—en homenaje a *El mal de la muerte* de Marguerite Duras editado por Cristian Forte en Milena Berlín (2013): la edición fue acompañada de un CD que registra los nueve poemas como piezas de arte sonoro creadas por el compositor Mario Peña y Lillo. *Usted* nace a partir de una instalación para la exposición colectiva *I don't believe in you but I believe in love* curada por Paola Marugán en la Galería Balaguer de Barcelona.

En tercer lugar: *Extranjería*, editado por Marisol Vera en Cuarto Propio en 2017 con la colaboración de Juan Carlos Villavicencio, Paloma Bravo y prólogo de Diego Ramírez. Estos poemas provienen del último periodo que viví en Barcelona, de 2007 a 2011, y junto a *Abecedario* y *Usted*, cierran un ciclo. El poema LA DANZA DE LA EXISTENCIA fue ganador del premio Sant Andreu de la Barca 2010 y LA EDAD LIGERA formó parte de la acción *Bombing of poems* (Casagrande-Southbank Center) sobre el Jubilee Garden de Londres en 2012. *Extranjería* fue presentado en 2017 en Chile con un tour por bibliotecas públicas de Arica, Valparaíso, Concepción, Temuco, Puerto Montt y Punta Arenas.

Author's Note

The present collected poems includes four books and one chapbook written between Barcelona and Berlin after 2006, published between 2009 and 2020.

The first, *Abecedario* (Abecedary), was initially published in 2009—under the pseudonym Jofre Rueca—in the anthology of the winners of the Gabriela Mistral National Poetry and Essay Contest (La Serena, Chile: 2009), in which it earned an honorable mention. I wrote it in Barcelona between 2006 and 2008, and I used Gustav Flaubert's *Dictionnaire des idées reçues* (1911) as a model for its dictionary format. Each poem in this *Abecedario* is an attempt at a definition. In 2012 Diego Iturriaga Barco published it on Siníndice (Logroño, Spain) with an endorsement by Sergio Gaspar. In 2016, Marisol Vera republished it on Cuarto Propio (Santiago, Chile) with a preface by Elvira Henández.

The second is *Usted* (You), a small collection in the audioleporello format—an accordion-folded audio-anthology—in homage to Marguerite Duras' *The Malady of Death*, published by Cristian Forte on Milena Berlin (2013): the edition was accompanied by a CD that features the nine poems as pieces of sound art created by the composer Mario Peña y Lillo. *Usted* was born as an installation for the group exhibition *I don't believe in you but I believe in love*, curated by Paola Marugán at Galería Balaguer in Barcelona.

Third is *Extranjería* (Alien Status), published by Marisol Vera on Cuarto Propio in 2017 in collaboration with Juan Carlos Villavicencio and Paloma Bravo, and with a prologue by Diego Ramírez. These poems come from the last period I lived in Barcelona, from 2007 to 2011, and, along with *Abecedario* and *Usted*, close a cycle. The poem "The Dance of Existence" won the 2010 Sant Andreu de la Barca Prize and "The Light Age" was part of the art-action *Bombing of Poems* (Casagrande-Southbank Centre) over London's Jubilee Garden in 2012. *Extranjería* was presented in Chile in 2017, on a tour of public libraries in Arica, Valparaíso, Concepción, Temuco, Puerto Montt, and Punta Arenas.

En cuarto lugar, la plaquette *Piel muerta* buscó investigar conceptos como la resiliencia a través de poemas que se refieren directamente a otras obras de arte, a un lugar o a la vida de un artista. Está escrito paralelamente a todo lo anterior y he decidido abandonar su continuación. Fue publicado en 2020 en la colección Fragmentaria dirigida por Luis Luna en la editorial Amargord de Madrid.

Por último, *Berlín Manila* corresponde a un poemario coeditado en diciembre de 2019 por Juanje Sanz (L.U.P.I., Euskadi) y Rodrigo Córdoba QEPD (Zoográfico, Madrid): un poema largo en 19 partes que replica un viaje de Berlín a Manila realizado entre marzo y junio de 2015: en tren desde Berlín a Kuala Lumpur pasando por Polonia, Bielorrusia, Rusia, Mongolia, China, Vietnam, Camboya y Tailandia; y por aire de Malasia a Filipinas. El poemario recibió la beca chilena de creación literaria 2016 del CNCA.

La presente poesía reunida tiene importantes cambios respecto de las publicaciones de sus respectivos originales: la sección "Usted" de *Extranjería* fue publicada anteriormente en *Usted*, por lo que los poemas que contiene los hemos dejado en la sección precedente. Por coherencia temática, se han cambiado de lugar los poemas TORSO y BESO desde *Abecedario* a *Usted*. También he incluido algunos poemas eliminados de ediciones anteriores como CALCAR. La mayoría de los poemas tiene correcciones y actualizaciones respecto de las ediciones originales.

Finalmente, agradezco a Shook y a Mathew Timmons por su infinito y pragmático optimismo, por seguir dando a luz creación, traducción y edición de poesía – y por su desobediencia, perseverancia y amor.

Madrid, mayo de 2023.

In fourth place, the chapbook *Piel muerta* (Dead Skin) sought to investigate concepts like resilience through poems that refer directly to other works of art, places, or the lives of particular artists. It's written in parallel to everything before it and I have decided to discontinue the series. It was published in 2020 in the Fragmentaria collection, edited by Luis Luna for Amagord in Madrid.

Finally, *Berlin Manila* corresponds to a book of poems co-edited in December of 2019 by Juanje Sanz (Euskadi: L.U.P.I.) and Rodrigo Córdoba RIP (Madrid: Zoográfico): a long poem in 19 parts that mirrors a trip from Berlin to Manila undertaken between March and June of 2015: by train from Berlin to Kuala Lumpur, passing through Poland, Belarus, Russia, Mongolia, China, Vietnam, Cambodia, and Thailand, and by air through Malaysia and the Philippines. The poem received the CNCA's Chilean creative writing grant in 2016.

The current collected poems features important changes from their respective first editions: the "Usted" section of *Extranjería* was previously published in *Usted*, so we have left the poems in the preceding section of this volume. For thematic coherence, the poems "Torso" and "Beso" have been moved from *Abecedario* to *Usted*. I have also included several poems excluded from earlier editions, like "Calcar." Most of the poems have been corrected and updated from their original editions.

Finally, I thank Shook and Mathew Timmons for their infinite, pragmatic optimism, for continuing to illuminate the creation, translation, and publication of poetry—and for their disobedience, perseverance, and love.

Madrid, May 2023.

Printed in the USA
CPSIA information can be obtained
at www.ICGtesting.com
JSHW010827010424
60076JS00011B/183